突然ですが…
今から5秒で
テーブルの上を
片づけてください。

と言われると……5秒でテーブルの上を、具体的にどう片づけていいのか「一瞬では」イメージできなかったのではないでしょうか？

では、次に、少し角度を変えて問いかけます。

今から5秒でテーブルの上に何も置かない状態をつくってください。

と言われると……頭の中で瞬時に「テーブルの上に何も置かない状態」がイメージできて、その頭の中のイメージどおりにテーブルの上を片づけるという行動が、難なくできたはずです。

申し遅れました。ぼくは、片づけ問題をメンタル面からのアプローチで解決する「空間心理カウンセラー」として、10年以上活動、これまで1万人以上のクライアントと関わってきました。そして、部屋が片づかない悩み、部屋がきれいだけど幸せじゃない悩み、そして表面的な片づけ問題の奥にある「深層心理にアプローチした心の問題」まで解決に導いているのです。おそらく、片づけ問題をメンタル面に特化して解決に導いてきた実績は、日本ではぼくが随一であろうと自負しております。

冒頭で、2つ問いかけましたが、これはぼくのセミナーの受講生に、最初にお話しすることでもあります。前者の「テーブルの上を片づけてください」という問いかけでは、ノートを端に寄せたり、テーブルの下にしまったり、あたふたしてとりあえずペンを筆箱にしまうだけになったりなど、「どんな人にも等しく同じ結果をつくることができない」ことがほとんどです。

でも、後者のように「テーブルの上に何も置かない状態をつくってください」と問いかけると、平均3〜4秒、ほぼ5秒もかからずに、すべての受講生が、テーブルの上に何も置かない状態をつくることに成功します。

ほんの少し言葉を変えただけで、得られる結果はまるで変わります。それも、片づけが得意であろうが、苦手であろうがまったく関係なく、どんな人も等しく同じ結果をつくることができるのです。これはいったい、なぜでしょうか。

片づけが苦手な人ほど、片づけようとします。そして、相手が片づけてくれないと悩む人ほど、「片づけなさい！」と指示しています。ぼくたちは当たり前のように、「片づける」という言葉になじんできました。実はここが、盲点です。

「片づける」という言葉自体が、実はとても不明確な状態を示しています。**何をもって片づけと言うのかは、人によってイメージが異なります。**あなたがイメージしている片づけと、ぼくがイメージする片づけは同じではないし、親がイメージしている片づけと、子どもがイメージする片づけも同じではありません。

一方で、「テーブルの上に何も置かない状態」は、あなたにも、ぼくにも、海外の人であっても、テーブルの上を何も置かない状態にしたことがある人なら、共通のイメージが浮かびます。具体的にイメージできるように伝えると、人間はすぐに行動に移すことができます。これは片づけだけに限らず、人間の行動原理すべてに共通する真理です。

行動できないと悩むほとんどの人は、行動ができないのではなく、「具体的な結果のイメージを言語化できない」のです。漠然とした言葉を使い、漠然としたものを目指すから、漠然とした結果や、そもそも行動できない状態が生まれるのです。

このように、片づけが「具体的にどんな状態をつくる行為なのか」を、詳しく納得がいくように教えてくれる人が、あなたの周りにどれだけいるでしょうか。おそらく、皆無と言っていいほど、そんな人に出会ったことがないはずです。

たとえ片づけのプロであっても、実は片づけという行為がどういったメカニズムで、どういう心理で行われる行為なのかを、具体的に説明できる人はほとんどいません。その理由は、片づけのプロは、人間心理のプロではないからです。

片づけができないと悩んできた多くの人々は、こうした単純な言葉かけ一つで結果が変わることに気づけないまま、何十年も片づけに対する劣等感をかかえてきました。そんな人たちを、ぼくは数多く見てきました。それだけではなく、きれい好きな人たちから「部屋が汚い人はだらしない」といった見下される言葉や人格を否定されるような言葉を浴びせられて、悩み苦しんでいます。

ぼくは片づけ問題を、人間心理を踏まえた角度から徹底追求してきました。片づけの概念をビジネスやコミュニケーション、スポーツや健康分野、食や美容など、多岐にわたるジャンルに応用することにも成功し、他業界の発展にも貢献しています。

その経験を踏まえて、ぼくは本書を通して、片づけ業界だけでなく、世の中に対しても、一つの提案をしたいと考えています。それは、**片づけることをゴールにした片づけではなく、「人の才能を開花させるために、片づけをいかしてみませんか？」**という提案です。

今まで携わってきたクライアントは、部屋は散らかっていましたが、すごい才能を秘めた人ばかりでした。ダイヤモンドの原石と同じで、磨かれないまま眠っているイメージです。**汚部屋の人ほど、才能があると言っても過言ではありません。それが「片づけ」を通して、自分の才能に目覚めていきました。そして、「夢を見つけた」「夢を思い出した」と、新しい道をいきいきと進んでいます。**その姿を見て、部屋には自分の夢が隠れている、まさに夢をかなえる居場所だと思うのです。

ただ片づけるのではありません。**なりたい姿を考えて、具体的な言葉かけとともに、行動する**のです。本書でも、最初に理想の姿を考えてから、個性に合わせて5パターンの行動を紹介しています。楽しみながら、試してみてください。

今回、体験談を披露する5人のクライアントも、才能が開花していった人たちです。それらを通して、片づけ自体のとらえ方も大きく変わるようになるでしょう。あなたが持つ本来の才能も、これまで以上に開花していくことをお約束します。準備はよろしいでしょうか？

平成という一つの時代が終焉《しゅうえん》を迎え、東京オリンピックを目前に控えた令和元年の新時代に、本書を通して片づけ問題で悩んできた多くの人の才能が開花するとともに、自分らしく輝いて生きる人たちが一人でも多く増えることを、心から願っております。

空間心理カウンセラー　伊藤勇司

Chapter 1

どんな人生を過ごしたい？答えられたら部屋は片づく

片づけをスタートする前に、
まず考えたいのが、「理想の自分」。
なりたい姿がはっきりすると、
「理想の自分になる」という目的意識が生まれます。
「片づける」という結果づくりを急ぐと、
リバウンドの原因になるので、
ここはゆっくり考えて。

本当はみんな、片づけをやりたいわけではない

ぼくの元へやってくるクライアントのほとんどが、「片づけられるようになりたい」と、思っています。あなたも、そう思って本書を手にとられたのではないでしょうか。

そんな人たちに、「片づけが完了したら、どうなるのですか?」と、質問をしてみたら、「えっと、スッキリします……」「快適になります……」「人生が動きだす気がするんです……」など、さまざまな答えが返ってきます。

ここが一つのポイントなのですが、片づけたくてもできない人ほど、「片づけをするためにはどうすれ

ばいいか?」と、自分に日々問いかけています。

当たり前のように思えるかもしれませんが、ここがそもそも間違い。先ほどの例で言うと、片づけたいのではなく、「スッキリしたい!」「快適な空間で過ごしたい!」「停滞していると感じる人生を動かしたい!」ということが、その人が本当にやりたいこと。ここはまた追って、深く掘り下げましょう。重要な考え方のポイントは、まず大前提として「片づけがしたい」というのは、あなたの本当の望みではない可能性のほうが高いということです。

人は自分が心から望んでいることは、なんとしてでもかなえようとします。でも、その原動力やモチベーションがわかないということは、「片づけたい」というのはあなたが表面的に実現したいことで、心が望んでいることとはズレているのです。

ぼくはこれまで、1万人以上の片づけ問題に携わってきましたが、「この人のためなら命をかけられる!」という人はいても、「片づけのためなら命をかけられる!」

という人には、いまだかつて出会ったことがありません。

本気でやりたいことに対しては、人は誰しも必死になることができます。でも、たいしてやりたくもないことに対して本気になるなど、とうていできないこと。あなたが片づけをしたいと思っていることは、「大嫌いで避けたい人を、頑張って好きになろうとする行為」と、同じ状態なのです。

こうした表面的な意識と、深層心理のズレをなくして、頭と心を一致させることができると、あらゆる行動は加速します。

そのために、まず頭と心の整理をします。いくつかの簡単な質問をするので、答えてみてください。

片づけは、理想のライフスタイルを決めることからスタートする

「あなたは、どんな人生を過ごしたいですか？」

あなたがもし、この質問に明確かつ具体的に答えられるなら、すでに部屋は片づいているはずです。そもそも、片づけに関する本を買おうという発想すら、ないかもしれません。片づけができないと悩む人ほど、片づけの方法論や技術を学ぼうとするのですが、それでいったんできたとしても、またリバウンドしてしまう人が後を絶ちません。そうなる理由は、単に片づいた結果だけをつくって、人生の指針がないまま漠然と過ごしていること。フラフラと軸がない行動を繰り返して、また元どおりになるのです。

片づけとはゴールではなく、理想のライフスタイルで生活するうえでのプロセスにある行動です。

だからこそ、最初に決めるべきは「どんな人生を過ごしたいか？」という、あなたの人生における全体的な自分なりのテーマ。

スポーツには、決められたルールがあるからこそ、そのルールの範囲内で、どこまでも自分の才能を高めていけます。逆になんでもありのルール無用だったら、とっちらかってどんなスポーツも成立しないですよね。国にも法律があるからこそ、その中で人間は統率されていきます。無法地帯は犯罪の温床となる荒れ果てた環境であることは容易にイメージできるでしょう。

それと同じで、あなたの人生にもルールが必要です。そしてそのルールは、自分で決めるものなのです。

他人が決めたルールで生きると窮屈になりますが、自分で決めたルールの中で生きると、自由を獲得できます。

ぼくが実際の現場でクライアントに最初に行ってもらうのも、この人生のルール決めです。どうなりたくて、どんな自分でいたくて、これからどんな未来をつくりたいのか？

それらをヒアリングしながら、それが実現できるような人生ルールを決めて、そのとおりに過ごす。すると人生に一貫性ができて整います。

これからは自分が決めたルールをもとに、そのルールをうまく活用できる自分を育てていきましょう。自分で決めるルールなので、しっくりこなかったら、いつでも変更してかまいません。ゲーム感覚でいいので、今からあなたがワクワクするような人生のルールを、遊び心を持って一緒にサクサク決めていきましょう！

人生ルール❶

自分のあり方についてのルール

あなたはこの人生において、日々どんな自分でいたいですか？　どんな状態なら、自分で自分のことを魅力的だと思えるでしょうか？

ちなみに、伊藤勇司という人生において大切にしたいのは「個性と魅力を最大化しながら、喜びに満ちた毎日を過ごす」ということ。ぼくはこの自分のあり方ルールをもとにして、今日も生きています。

実はこのルールを決めたのは3年ほど前なのですが、決めてからというもの、どんどん若々しくなっていき、現在38歳にもかかわらず、先日地元のカフェで3時間くらい執筆をしていたら、「勉強熱心なのはわかりますが、常連さんの手前、長居はお断りしておりまして……」と、大学生と間違われる注意をされました。自称、世界一健康的で生命力あふれるカウンセラーだと自負するくらいに、自分のあり方のルールを決めると自分がいきいきし始めます。

Q「人生において大切にしたいことはなんですか？」

あなたの答え

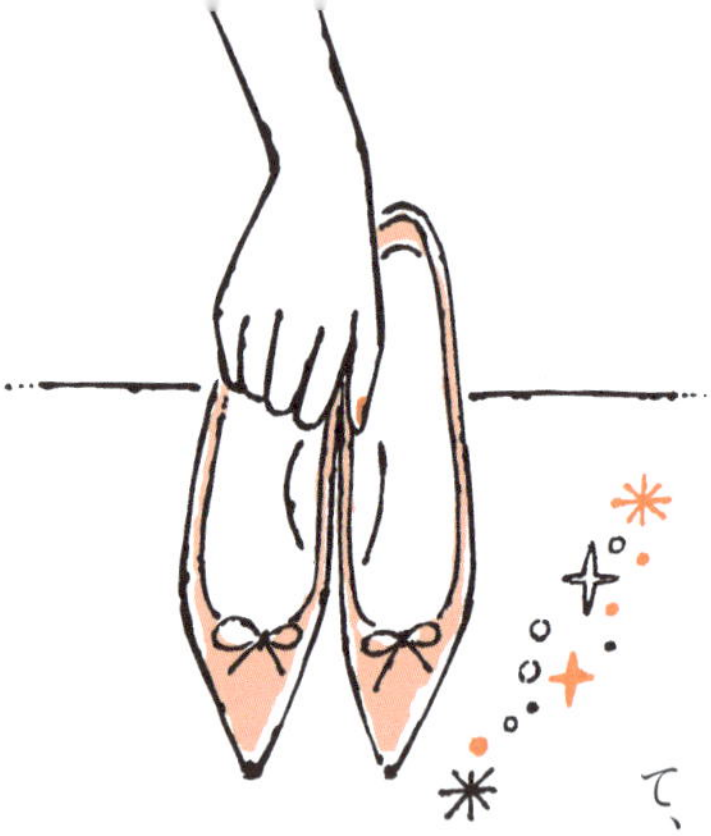

人生ルール❷

快適感情を得るためのルール

人間は本質的に、快適感情を手にしたい生き物です。片づくという結果をつくりたいのではなく、片づいた後に待っている、喜びの感情を味わいたい。だから、片づけをしたいと思うのが本質。逆に、片づけても喜びの感情が得られないなら、どんな人であっても、片づけをやめてしまいます。

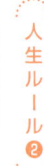

これは、親子関係ではよく見られることですが、親が片づけなさいと言って、子どもが片づけたとしても、その後に「やっとやれたの？　ほんとグズね！」というような関わり方をしていたら、子どもには不快感しか残らないもの。そうなると、「片づけをすると、不快感が生まれる」という認識になり、やったほうがいいのはわかっていても、やりたくないという現象が起きます。

自発的な行動の原動力は、快適感情です。この快適感情をできるだけ得られるようなマイルールを定めてみましょう。玄関の靴をそろえるとか、やかんを磨くとか、簡単なことでいいのです。ちなみに、ぼくは、毎朝事務所に行ったら、玄関と床を雑巾がけすることから始めて、床に寝転がっても気持ちいいと思える心地よい足元にしてから仕事をスタートしています。

Q「快適感情を増やすために、毎日どんな工夫ができますか？」

あなたの答え

人生ルール③

人間関係におけるルール

あなたは、どんな人と一緒にいると楽しいでしょうか？　社会で生きるうえで、人間関係はつきものです。そして、前項の快適感情も、人間関係が良好であればあるほど、おのずと得られる機会は増えていきます。

実はこうした、一緒に過ごしたい人を明確にすることが、物理的な片づけに大きく影響しています。嫌な人と過ごしたり、本当はどうでもいいような誘いを断れなかったりなど、気弱な自分のあり方が、時間や労力のむだ使いや精神的な疲労を生み出します。その結果、行動意欲が低下して、物理的に環境を片づける気力がなくなって散らかるのです。

人づき合いについての自分なりのルールを明確化することは、日常で繰り返されている無意識の取捨選択や判断を大きく見直すきっかけになり、未来に起こりうる

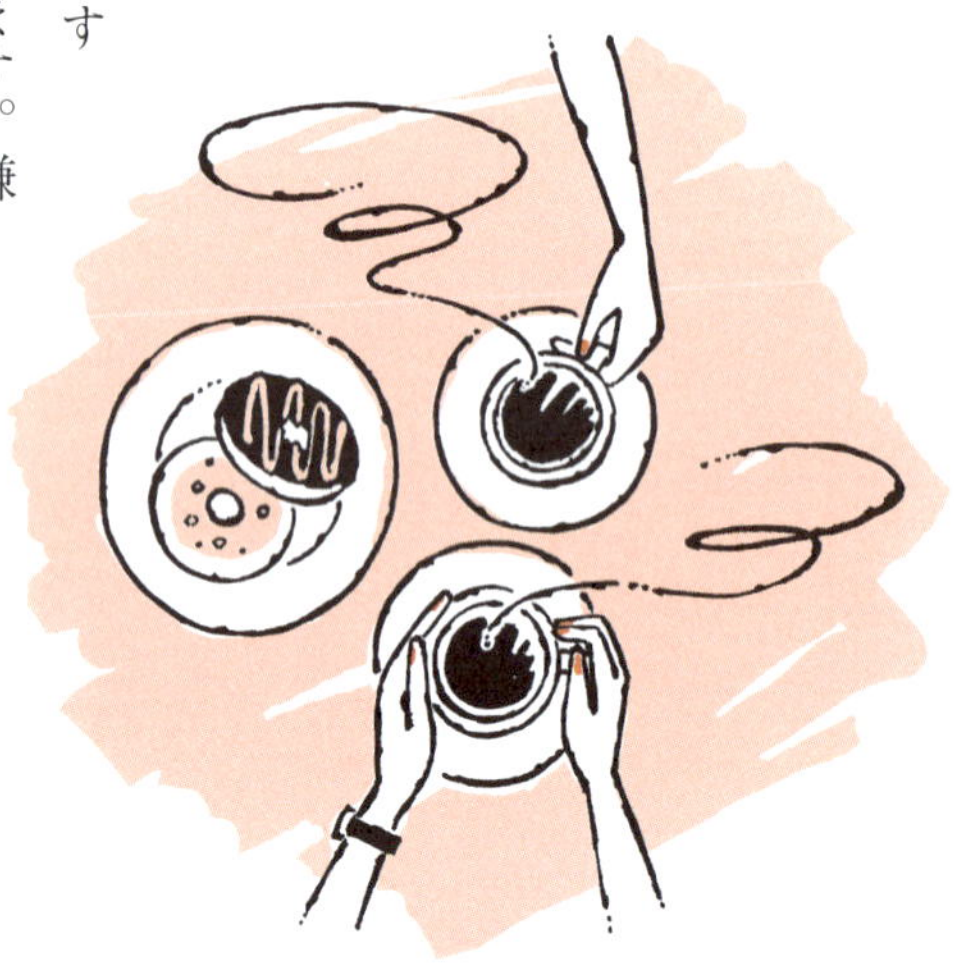

見えない損失を未然に防ぐことができます。人間関係について何も意識せずに過ごすと、いつも他人合わせの自分になるので、ここもしっかりと考えていきましょう。

Q「どんな人と一緒にいれば、自分が自然体でいられますか？」

あなたの答え

人生ルール④

環境要因についてのルール

『環境が人を変えて、環境が人をつくり、環境が人をいかす』

ここまで、自分の人生ルールについて3つの角度から考えていただきました。この章の最後の項目として、環境について詳しく見ていきましょう。

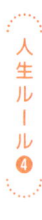

この部分は本書の大きなテーマでもある「才能」に、直接に関わる項目でもあるので、より詳しく説明したいと思います。

人間は環境動物とも言われていて、環境に適応して自分の性質が決まりやすい生き物です。あなたの性格的な要因も、過ごしてきた環境によって形成されている可能性が高いということです。例えば、日本に住んでいるときは引っ込み思案で内向的だったのに、海外に移住してから社交的で積極的になる人が数知れないように。環境を変えることは、性格を変えることにも通じます。だからこそ、自分の性格を

変えたければ、無理に自分を変えるより、「自分が身を置く環境を変える」ほうが、何倍も効果的に自分を変えることができるのです。

ぼくは空間心理カウンセラーとして、部屋からひもとく深層心理に着目し続けてきました。そこで見えてきた一つの答えが、**「部屋が散らかる人ほど、自分の才能がいかされない過ごし方をしている」**ということです。

例えば、本来は企画創造するクリエイティブな仕事が向いているのに、実際の仕事では経理や事務をしているなど。部屋が散らかる背景に、「いかしきれていない自分がいる」という例を数多く見てきました。

そして、汚部屋を才能という角度から考察していくと、一つの結論が見えてきたのです。

「才能とは特定の環境下で無意識的に繰り返してきた行動（思考体系）である」ということです。

ぼくが、部屋から才能が見つかるとお伝えしていくうえで、具体的な根拠になるのがここです。部屋には無意識で繰り返しているその人の習慣が表れている、ということです。「習慣を制するものは人生を制する」という言葉があります。部屋を通して、自分が無意識で繰り返している習慣を客観視できれば、それが自らの才能を理解することにもつながっていき、「自分をいかしきって人生を全うする」という生き方ができるようになります。

人は、自分が成長しているという実感が持てたときに、最も喜びを感じます。

つまり、自分をいかしきって生きるということは、人間としての最上の喜びを手にし続けながら生きるということ。なんだかそう聞くだけで、ワクワクしてきませんか？

これからそのことがわかりやすいように、部屋に向き合うことを通して才能が開花していった5人に登場していただき、実例エピソードを紹介します。

ぼくがクライアントに行っていることの本質は片づけのレクチャーではなく、部屋の状態からその人の才能をひもといていき、その才能がいかせる生き方に整えていくことにあるのです。

そのことをなんとなくでもいいので頭の片隅に入れておいて、次からの章も味わっていただければと思います。

それらを含めたうえで最後に、環境要因についてのルールも考えていきましょう。快適感情ということも意識しながら、あなたがこれまで身を置いてきた環境を思い返してみてください。家であり、学校であり、職場であり、カフェであり……。そこにいて、あなたが楽しい気持ちになる場所はどこでしょうか？

Q「あなたがいきいきするのは、どんな環境にいるときですか？」

あなたの答え

Chapter 2

あなたには実は すごい可能性がある！ 才能を見つける 片づけ術

ここからは隠れた才能を発掘する片づけの実践編。
5つの才能に分類し、チェックシートを用意したので、
チェックした数が多いものから試してみましょう。
気になったタイプにトライするのもいいし、
いくつかを順番にチャレンジしてもいいでしょう。

あなたはどのタイプ?

才能別チェック表

チェックしてみて、数が多いのが本当のあなたの姿。
チェックが多いものがいくつかあるときは、
該当ページを読んで、ピンとくるものから
試すのもいいでしょう。

- □ いつもカバンが荷物でいっぱいになっている
- □ フットワークは軽いほうだ
- □ 人生にはボーッとする時間が必要だと思う
- □ 犬よりも猫のほうが好きだ
- □ 電車を乗り過ごしたり、乗り間違えたりしてしまう
- □ いつも何かにあせっている気がする
- □ 人の話を聞くのが苦手なほうだ
- □ 気がつけば2～3時間たっていることがよくある
- □ 好奇心が強く、興味がないことに時間を使いたくない
- □ 買い物は、見た目でパッケージ買いすることが多い

チェックが多かった人は
アーティスト系
↓
32ページ

- □ 三角より丸が好き
- □ 宝クジを買うことはあまりない
- □ 未知の生物に興味がある
- □ 芸能人、著名人と結婚できると思ったことがある
- □ ゲンはかつぎたくなる
- □ 世の中の役に立つアイデアが豊富に出てくる
- □ たまに、どす黒い自分が顔を出すことがある
- □ 楽をして手に入るものには興味がない
- □ 誰かと一緒に何かするときは、気負ってしまうほうだ
- □ 反射神経はいいほうだと思う

チェックが多かった人は
スター系
↓
60ページ

アーティスト系

スター系

ファッショニスタ系

ヒーロー系

隠れリーダー系

- □ 子どもには好かれるほうだ
- □ 男女問わずにハグするようなスキンシップが好き
- □ 自分は食べても太らないと思い込んでいる
- □ 映画よりも舞台のミュージカルのほうが好きだ
- □ 会話していたら「結論は？」と、言われることが多い
- □ 財布の中にはいつも小銭の量が多い
- □ 何かあっても「なんとかなるだろう」と楽観的に思える
- □ 人に注目されることが快感だと思える
- □ ダマされていることに気づかなかった経験がある
- □ においには敏感なほうだ

チェックが多かった人は
ファッショニスタ系
↓
88ページ

- □ 自分は惚れっぽいほうだと思う
- □ 一人でいるより、誰かと一緒にいるほうが楽しい
- □ 自分の発言に酔いしれることがたびたびある
- □ 高級レストランより大衆居酒屋のほうが好きだ
- □ 失敗しても、オイシイと思える
- □ 実は、自伝を書いたら確実に売れると思う
- □ 感情が顔に出るとよく言われる
- □ スマホをチェックしている時間が長い
- □ 献血には定期的に行っている
- □ 外国人によく道を聞かれる

チェックが多かった人は
ヒーロー系
↓
116ページ

- □ 暗算が得意だ
- □ 派手な服より地味な服のほうが多い
- □ 公衆トイレは極力利用しない
- □ 抽象的に褒められてもうれしくない
- □ 誰かと外食するときは事前にあいているか電話する
- □ マジックを見るとタネのほうが気になる
- □ 初対面の人には自分から話しかけるほうだ
- □ 道端に落ちているゴミがよく目につく
- □ 目的地には最短ルートでたどり着きたい
- □ 勝算がない無謀なチャレンジはしない

チェックが多かった人は
隠れリーダー系
↓
144ページ

本当は

アーティスト系

実はこんな才能がある

- 世の中の人がアッと驚くような革新的なアイデアを生み出す
- 常識の枠にとらわれずに独自の観点で新しいものを創造する
- すでにあるものを発想の転換で魅力的にリフレーミングする
- 寝食を忘れて一つのものごとに没頭できる
- 自分の感性を通して人を幸せにできる
- フリーランスとして独立起業して時間に縛られない働き方をする
- 自分が大好きなことを形にするだけで人に慕われる

自分の考えを積極的に語って
コミュニケーションをする
美しいものや、
鮮やかなものを見るのが
大好きで感受性が豊か
無邪気で
子ども心いっぱいで、
白黒ハッキリ
している
本当の
あなたは、
こんな姿。
組織に属するよりも
「職業は自分」
というくらいに
個性で勝負できる
暗い服よりも個性が
ハッキリ表現された
明るい服を着ている
自分の直感を
信頼して
決断することで
人生がうまくいく

自分の道を極める生き方をすることで才能を発揮する

アーティスト系のあなたは、「わが道を行く」という意志を持って生きることで、本来の才能がどこまでも開花していくタイプ。自分なりの哲学や信念を持って、その独自の世界観を思う存分表現していくことで、自分も周りもどんどん豊かになっていくような、プラスの影響力を生み出す人です。

あなたが純粋な感性を素直に表現すると、一緒にいる人は、見たことも、聞いたこともないような、ワクワクする未知の体験ができます。だから、思い描く未来や夢を語ることや、日々あなたが感じていることを素直な言葉や行動で表現することが、本来持っている才能を発揮するためのキーポイント。

今の部屋

いかしきれていない物にあふれかえった物置部屋

今の状態

人と違う感性を持っていることが、自分を苦しめる諸刃《もろは》の剣《つるぎ》になる

独自の感性を持っているアーティスト系のあなたは、人間関係において苦しむことが多くなる傾向にあります。独特の世界観を持つあなたの発想は、集団生活での人間関係において、たびたび価値観のくい違いなどを引き起こし、ストレスを感じることが多くはないでしょうか。人間関係での葛藤が多くなると、自分を閉ざすようになり、人と衝突するストレスを避けるために、お利口さんでいようとしたり、自分の意見を言わずに無難に何でも人に合わせてしまったり。その結果として、部屋が散らかり、いかせない物であふれてしまうケースは少なくないのです。

アーティスト系＊あるあるリスト

	好きなことについて話しだしたら止まらない
	チームプレーより個人プレーのほうが得意
	本音で関われる少数の友達がいればいい
	やりたいことはすぐやらないと気がすまない
	頭の中で妄想や想像をする時間が楽しい
	言われたことをきっちりやるのが苦手だ
	整った空間より雑然としているほうが落ち着く
	時間にルーズだとよく言われる
	気分の浮き沈みが激しい
	好き嫌いがハッキリしている
	喜怒哀楽の感情表現は豊かなほう

チェックが多いほど、アーティスト度が高いでしょう

30ページとあわせてチェックして

アーティスト系体験談：かほりさんの実例

自分の好きを大切にして水引アーティストの道へ

現在、水引アーティストとして海外でもワークショップをしながら活動しているのが、かほりさん。最初の出会いをさかのぼると、2009年ごろでした。

当時のぼくは、まだ本を1冊も出していない状態でしたが、原稿も、内容も、出版社も何も決まっていないのに、「ぼくの心の中ではもう出版することが決まった」という理由だけで、先に出版記念講演会をやっておこうと開催したイベントに来てくれたのが、かほりさんとの最初の出会いでした。

「常識にとらわれない面白いことをする人だな！」

というのが、ぼくへの最初の印象だったようですが、そこから深く関わるようになっていくことで、かほりさんの生き方にも変化が生まれるようになります。

出会ったころのかほりさんは、まだ水引アーティストとしての活動はもちろん何もしていませんでした。自分の部屋が荒れていることにも悩んでいて、「わたしの部屋が片づく日は来るのかな？」と、不安でいっぱいだったそうです。

タメ息をついて部屋を眺めているばかりで、具体的に行動していなかったので、片づく方向には向かっていませんでした。当時のかほりさんは、自分の感情を抑えて生きているような印象を受けました。

ただ、二人で話すと、次から次へといつまでも会話が止まらないくらいに、自分のことをどんどん話してくれました。

実はここがアーティスト系のコミュニケーションの特徴でもあるのですが、**自分を受け入れてくれる人には自分を思いっきり出す半面、自分を否定的に見る人には瞬時に心を閉ざす傾向があります。**

そのことが気になったぼくは、幼少期からこれまでの対人関係における彼女自身のコミュニケーションのパターンを振り返るために、いくつか質問を投げかけました。

かほりさんは幼少期から、感受性がとても豊かで、人とは違う発想や、ワクワクするアイデアがとめどなくあふれてくる感性を持っているようでした。

でも、家族や友人などの対人関係において、そんな自分が認められることがなく、「変な人」「不真面目」「妄想癖がある」などなど、素直な自分を受け入れてもらえない体験ばかりが続いていたそうです。

学生のころは、自分でアルバイトをして貯めたお金を使って買った大好きなカバンや洋服を、「なんでそんなものばかり買うんだ！」と、親から頭ごなしに否定されて、「なんで自分のお金で買ったものに文句言われなきゃいけないの!!」と、深く傷ついた思い出があるとも話してくれました。

その経験をしてからというもの、かほりさんは**自分の価値観に従った行動をすると否定されたり、嫌な気持ちになることが多くなる**と思って、「他人に受け入れられやすいもの」を、手にするようになっていったそうです。

自分の感性は無視して、他人からとやかく言われないように、無難なものだけを選ぶようにする。そうすると気がつけば、部屋に物が増えて身動きがとりにくくなり、体調を崩しやすくなったそうです。あるとき病院に行くと、ADHD（注意欠如・多動症）と診断されました。当時の自分の部屋はまるで、感情を表に出せない閉塞感を表すかのように、物にあふれて窮屈だったと語ってくれました。

そんなかほりさんに転機が訪れたのは、部屋にあふれていた物を「捨てる」ことからでした。

ただ、ここが一つのポイントなのですが、物にあふれているから捨てるという発想で、部屋にあるものを手放していったのではありません。かほりさんにとっていちばんのキーポイントは、**他者との関わりで自分の価値観を大切にできなくなり、他人の価値観を優先する結果として物にあふれるようになった**ということ。

出会ったころのかほりさんは、「わたしの部屋が片づく日は来るのかな？」と思っていたのですが、これを深層心理レベルで解釈すると、「わたしの価値観を大切にできる日は来るのかな？」と潜在的に思っていたのが、かほりさんの本音だったということです。

つまり、かほりさんは表面的には部屋を片づけたいと思っていましたが、**本音では片づけをしたいのではなく、「自分の価値観を大切にしたい」と、ずっと思い続けていた**ということです。

ここを理解しないまま単純に物を捨てるだけの片づけをしても、かほりさんの未来にとっていい影響にはならず、一時的に片づいても必ずリバウンドします。なぜなら、**「他人の価値観を優先する」という心理的なパターンは、自分で気づかなければいつまでも繰り返してしまう**からです。

だからこそ、最初に意識したことは「マイルール」です。他人に合わせる自分ではなく、自分で自分の生き方のルールを決める。本当はどうしたいのかを思い出しながら、自分の価値観こそを大切にできる自分を育てていく。そのことが意識されると、かほりさんはほどなくして、本来は創作をすることが大好きだったことを思い出しました。

「久しぶりに、何か創作してみようかな……」

そう思って部屋を見渡してみると、使っていない折り紙を見つけます。「これで、ぽち袋とか作れるかも……」折り紙を見つけた瞬間の直感に従い、早速かほりさんは、ぽち袋の創作をスタートさせました。すると気がつけば何時間も作業をしていたくらいに、われを忘れて創作活動に没頭。

そうやって無我夢中で作ったぽち袋ですが、たくさん作りすぎて、家に置いておくにはかさばってしまいます。そこでぽち袋を、友人にプレゼントすることにしました。

すると、プレゼントした一人の友人が、こんなことを言います。

「これ、いいね！　ご祝儀袋も作ってよ！」

その言葉を聞いて、「ご祝儀袋は買えばいいじゃん！」と、とっさに伝えたそうですが、どうしてもオリジナルがいいということだったので、一度作ってみることになったのです。

「ご祝儀袋といえば、水引がついているよね……」

手作りのご祝儀袋を作るために、初めて水引に注目したことが、かほりさんの人生の転機になりました。

試行錯誤しながら完成したご祝儀袋を見ると、水引部分がなんとも言えない輝きを放っていました。満足いくものができた達成感と、心を込めて創作したものが放つ輝きに触れて、かほりさんは心躍る気持ちになったとか。

作ったものを友人にプレゼントして、想像以上に喜んでくれた姿を見て、また水引で何か作りたいなと思ったかほりさん。そこからさらに創作意欲がわき、家で水引を創作するための材料も購入することに。

そんなある日のこと。

創作していた水引を眺めた後に、自分の部屋全体を見渡してみると、水引が放つエネルギーと、部屋にあふれている物が放つエネルギーには、明らかな違いがあることに気づきました。

「今まで気づかなかったけど、明らかにエネルギーが低いものが多いよね……これからは水引が放つような、いいエネルギーの部屋にしていきたいな」

そう素直に感じたかほりさんは、明らかにエネルギーが低いと自分で感じるようなものを、どんどん捨てるようになりました。

そうやって物を捨てていく作業は、単にいらない物を捨てる作業ではなく、**他人の価値観に合わせていた自分を手放して、本来の自分が大切にしたい価値観を思い出す作業**になっていたのです。

なにげないきっかけから生まれた水引との出会いが転機となって、本来の自分らしさを取り戻していったかほりさん。現在は埼玉県にある和物の雑貨屋に勤めながら、水引アーティストとしても精力的に活動しています。

働いている雑貨屋でも、大好きな水引をいかすことで、店舗の売上アップに貢献するだけでなく、「明日は予算〇〇万円を達成する！」と、先に宣言した目標値を本当に達成することが連続するほど。他のスタッフからは「予言者」と言われるくらいです。今はエネルギッシュにいきいきと過ごしています。

これからのかほりさんの夢は、大好きなハワイに移住して、大好きなアーティストと一緒に水引でコラボレーションしたり、世界各地で日本の文化を伝えながら、水引を通して人の心を幸《さち》で彩っていくお手伝いをすること。毎日楽しく想像しているそうです。

かほりさんのようなアーティスト系の人は、**自分の素直な感情や、独特の感性を大切にすると、物を捨てる判断基準がはっきりします。**それが明確になれば、自分らしい空間に整えられるようになります。

アーティスト系の人は部屋を片づけるという発想ではなく、「部屋をアートしていく」と直感的にとらえていったほうが、モチベーションも上がるかもしれません。片づけは、部屋をきれいにするためにやるのではなく、あなたの個性と魅力を最大化するためにいかすものです。そこでここからは、かほりさんの転機にもなった「捨てる」ことを中心にして、アーティスト系の人におすすめな片づけを紹介します。

アーティストに目覚めたかほりさんの片づけStory

1
なぜか
自分の部屋だけ片づかない～
全然ダメ…
2
でもなんか水引を始めたら
水引の輝きが心地よくていらないものに気づいた
3
おかげでどんどん作品を作るように
令和
4
必要なものがわかって
捨てることができました

アーティスト系がまずやるべきこと

捨てる

アーティスト系のあなたがいちばん初めに大切にしたい行動が「捨てる」という一歩です。才能をいかすためには、自らの感性を大切にすることが必要不可欠。部屋にもあなたの感性が表現されていることで、毎日過ごす環境を通して創造的なインスピレーションを得るきっかけが生まれます。

禅語に「放てば手にみてり」という言葉がありますが、持っているものを手放したときにこそ、本当に大切なものがやってきます。アーティスト系の才能がある人にとっては、ぐるぐる悩む状態がすべての停滞感を生み出します。常にチャレンジをして、新しいものを生み出すためには、これまでの価値観にとらわれずに生きることが大切。そのために捨てる習慣を身につけることが重要です。

✳ 自分の価値観を明らかにする

かほりさんの実例でも見てきましたが、アーティスト系のあなたにとって捨てる定義は「自分の価値観を明らかにする」ということです。あくまで捨てることが目的ではなく、価値観を大切にできる自分を築くことが大切。そのためにもまずは、直接的に捨てることを考える前に、頭の中を整理しましょう。あなたが大切にしたい価値観を、紙やノートに思いつくまま書き出してください。絵が好きなら、大切にしたい価値観のイメージとして絵を描くのもおすすめです。

✳ 好きなものを選ぶ

そもそも捨てるものが増える根本原因をたどると、「選び方が間違っている」というケースが少なくありません。好きなものを選んでいないから、捨てないものにあふれてしまう。物を捨てたいと思う人ほど、捨て方を考えるよりも、「選び方を見直す」というほうがよっぽど重要なのです。まずは家の中にある「好きなもの」を発見する宝探しをしましょう。

✳ どうしても残したいものだけ残す

アーティスト系のあなたにとっては、「こだわり」がとても重要になります。「なんでもいい」は厳禁で、「これがいい！」だけにする。これは人づき合いにも通じますが、「あなたでいい」と言われるのと、「あなたがいい」と言われるのとの、感じ方の違いと一緒です。言われてうれしいのは後者ではないでしょうか。いい意味で選ばれる存在になるためにも、どうしても残したいものだけを残す発想で取捨選択をしましょう。

✳ 常に新しい刺激に触れる

古い価値観に縛られることが、手放せないものを増やすことにつながります。イマジネーションや創造性が豊かなあなただからこそ、常に新しい刺激に触れるようにしましょう。知らないものを見たり、行ったことがない場所に行ったり、普段聞かない人の話を聞く。そうやって興味があることに関しての新しい刺激に触れ続けることで、結果的に必要ないものを執着なく手放せるようになります。

✳ 午前中に捨てる

人間は夜寝ている間に脳内で情報の整理が行われています。そこで必要な情報と不必要な情報が振り分けられて、次の日の朝には必要と判断された情報だけが記憶に定着して目覚めます。だからこそ、朝起きてから午前中のよけいな情報が入らないタイミングは「自分にとって必要なものを判断しやすい状態」が整っています。そのときに家の物を手放すことを考えると、迷いなくサクサク行動が進むでしょう。捨てるのは午前中がおすすめ。

✳ 直感的に判断する

アーティスト系のあなたが物を捨てるときに大切にしたいのが、直感です。思考を介在させず、直感的、感覚的に判断して。それがたとえ、失敗になってもいいのです。必要だったなら、また買い直せばいいだけ。捨てることは、直感を研ぎ澄ませるトレーニングだという意識を持ってください。捨てる行動を通して自分の感性を育みましょう。今の自分の直感が正しく働いているかがわかります。

アーティスト系の才能を伸ばすためのポイント

- 捨てることを通して頭を整理する
- 自分がどう感じるのかを大切にする
- 感じたことに忠実に行動する

捨てることについてお伝えしてきましたが、物を捨てることが重要なのではなく、**「捨てることを通して頭の中が整理されていくこと」に、大きな意味があります。単に捨てて物を減らせばいいという発想ではなく、捨てる行為を通して自分を洗練させていくようなイメージ**です。

アーティスト系の人が最も大切にしたいのは「自分の感覚」。**他人がどう思うのかではなく「自分がどう感じるのか」について敏感でいる習慣を身につける**ことが、持ち前の才能に磨きをかけるキモ。

捨てることを通して考え方を整理することができたら、その次のステップとして、「自分の感性を、行動として表現することを習慣化する」ことを行いましょう。

目に見えない感性は、行動を通して現実に反映させることで、初めて価値を生むようにもなります。そして、感性を表現するからこそ、他者に対しても、あなたの感性が伝わります。そうやって感性を他者とも共有できる状態を増やせば増やすほどに、あなたの創作意欲やモチベーションも加速的に向上するプラスのスパイラルが発生します。

あなたの感性や才能は、気づくことや持っていることが重要ではなく、**外に思いっきり表現していく**ことで無限の価値を生むことを常に頭に置いておきましょう。

アーティスト系の才能を伸ばすために重要な、感性を大切にするための習慣形成を行っていく、きっかけとなる場所を中心にして、片づけをいかして才能を育んでいくポイントを紹介します。

アーティスト系の才能を伸ばすために
最初に片づけたい場所

リビング

リビングという空間は、生活の基盤であることが多い場所です。ゆっくり休んだり、食事をしたり、本を読んだり、テレビを見たり。リビングにもさまざまな用途がありますが、共通点は「弛緩《しかん》をつかさどる場所」。

これは、スポーツをしている人は特に実感すると思うのですが、人間は緊張している状態のときに持っている才能を１００％発揮することはできません。ゆるんで、**弛緩しているときにこそ、才能は１００％いや、それ以上の能力として発揮される**のです。

そしてアーティスト系のあなたは**「妄想力・想像力・創造力」が働いているときに、持ち前の才能を発揮**します。この３つが効果的に作用していくのが、弛緩しているとき。交感神経よりも、副交感神経が優位になっているときに、ポジティブなひらめきが生まれるのです。

リビングを整えることが、自分の内なる無限の可能性を解き放つことにつながることをイメージしながら、これから紹介するポイントごとの片づけに取り組みましょう！

直感的にリビング全体の違和感を見つける

片づけとは、まずゴールを具体的にイメージして、そこから逆算して、現在の行動を決める行為。先にイメージが必要です。「どういう状態にしたいのか?」という具体的なイメージがなければ、行動を完了することができません。そのイメージ力を養うためにも、まずは「自分にとっての違和感を見つける習慣」を大切にしましょう。イメージ力がない人でも「違和感」は必ず感じるものです。その違和感を修正することが、結果的に望むイメージを強化することに直結します。

家具のズレを整える

直感的に全体を見渡したら、次はズレていると感じる家具を整えてみましょう。ダイニングテーブルのイスをきれいに整えたり、床に引いているマットを整えたりなど。自分が感じる違和感を修正して、構図として美しく見えるように家具をそれぞれ整えていくのです。そうして部屋という空間を「自分のアート作品」ととらえ直すことで、片づけそのものに対する意識も、ポジティブに変わるはずです。

イスやソファを整える

家に帰ってきたら、疲れをいやすために、ゆっくりくつろぎたい。そのための最初のアクションが、イスやソファに腰をかけることではないでしょうか。この最初のくつろぎポイントに、物が置いてあったり、服が置きっぱなしになっていたり、雑然としていたら、それを見るだけで疲れてしまいます。また、イスはいつも使うからこそ盲点にもなり、意外と埃がたまっています。雑巾がけをする、掃除機で吸う、粘着クリーナーでコロコロするなど、きれいにしましょう。すっきりして、快適な空間になり、リラックス度合いは格段に上がります。

収納を美しくする

アーティスト系の人は機能的な収納を目指すよりも、「美しく収納する」という意識を大切にしましょう。便利さは「理性」で、美しさは「感性」です。感性が刺激される空間をつくることが、才能が磨かれるポイント。そうした意識で収納を考えていくと、「美しく収まるもの」という、物選びの基準にも影響します。

リビング空間における文字情報を減らす

おもてなし空間でもある、高級ホテルの部屋には、文字情報はほとんどありません。文字情報が多いと、思考優位になってリラックスができないからです。リビングはいつもいる空間だからこそ、明日の予定や、やることリストなどを、冷蔵庫や、家具、壁などに貼りつけやすいもの。また、名言が書かれた額なども飾られていたりしますが、感性優位のアーティスト系のあなたは特に、文字情報から入ると感性がシャットアウトされやすく、落ち着けません。弛緩するためのリビングでは、文字情報をできるだけ省きましょう。

テーブルを飾る

テーブルに花を添えたり、観葉植物を置いたり、好きな小物を飾ったり。そうやって、自分の心がなごむような飾りつけを、テーブルに施していきましょう。真っ白なキャンバスを美しくデザインしていくように、テーブルの上に自分自身の心が喜ぶような美的感性を表現するのです。いい気分が瞬時に生まれる状態になると、一瞬でくつろぎの世界へと自分を誘うことができます。外の世界と、内側の世界の思考のオンオフの切り替え効果にもなるのでおすすめです。

週に1回、リビングの床を雑巾がけする

落ち着いていて、堅実であることを「地に足をつける」と表現しますが、アーティスト系のあなたは発想力が豊かであるからこそ、現実離れしすぎる傾向があります。床は歩くところなので、豊かな発想を現実に落とし込む意識づけのためにも、定期的にリビングを雑巾がけしましょう。掃除機ではなく、雑巾がけである理由は、床にかがむことによって視点が変わるから。今までにない発想を得るためには、単純に視点を変えてみることが効果的。新たなものの見方を発見するきっかけにもなるので、ぜひトライしてみてください。

アーティスト系がさらに意識したい場所

寝室をポジティブなイメージを持てる空間にする

人間は睡眠中に脳内で情報整理が行われています。その日に得た情報が取捨選択され、必要と判断された情報だけが記憶に定着します。脳内記憶は、古い情報より新しい情報が残りやすく、寝る2時間前に得た情報が最も記憶されやすいと言われています。アーティスト系のあなたは想像力が豊かで、ポジティブな想像もネガティブな想像も、考えだすと深掘りしやすいので、一日の最後にできるだけポジティブな情報で眠りにつけるよう、捨

てるコツの項目をあらためて参考にしながら寝室をポジティブに整えましょう。

寝室に音楽を流す

音楽療法という分野があるほどに、音楽は人の心に大きな影響をもたらします。音楽にもさまざまな活用方法がありますが、アーティスト系の「感性を大切にする習慣をつくる」という意味で、心地よいサウンドを寝室に取り入れるのは効果的。好きな曲でもいいですが、「感覚的に心地いい曲」を大切にしてみてください。日本の曲だと歌詞の内容から入ってしまいやすいので、クラシックや洋楽などから探すのもいいでしょう。

+α 1日15分寝室で心をしずめる時間を持つ

アーティスト系のあなたは、人一倍興味関心が強く好奇心旺盛だからこそ、何も意識しなければ、心が休まる時間がない過ごし方をしてしまいます。そのことに心当たりがある人は、1日15分でいいので瞑想する時間を持ちましょう。いわゆる瞑想だけでなく、一つの行為に集中するのがいいのです。睡眠前は、目をつむって腹式呼吸を意識して過ごしたり、暗闇でアロマキャンドルをたいて、ろうそくの揺らめく炎に意識を向けたり。静かに過ごすと散らかる心が整います。

アーティスト系のまとめ

あれこれ手を出しすぎて
自分を見失わないよう
大切にするべき自分を
思い出せる部屋づくりを

片づけとは自分を整える行為であり、部屋づくりとは人間の心を育てる行為でもあります。アーティスト系のあなたは興味関心が尽きない分、あれこれ手を出しすぎると、気がつけば自分を見失うことになるので、「常に大切にすべき自分（基本）を思い出せるようにしておく」ことが、自分の才能を伸ばし続けるポイントになります。そのことを念頭に置きながら、「部屋にいると自分の魅力を思い出せる」という感覚で、才能を伸ばす部屋づくりをするといいでしょう。

本当は

スター系

実はこんな才能がある

- マルチな分野で多才に活躍できる
- ものごとをさまざまな角度から考察しながら本質を見つけ出す分析力がある
- 敵であっても味方になっていくような人の心を動かす才能がある
- 関心がある情報を発信することで他人にいい影響を与える
- 自分の成長進化のためならコツコツと継続して地道に努力できる
- 自分の夢に人を巻き込むことで、ともに発展する経営者の才覚がある
- ときに真剣に、ときにハメもはずす。対極のパーソナリティーを自在に表現する

情熱と冷静を
あわせ持ち、
クレバーな人
本当の
あなたは、
こんな姿。
広い視野でものごとを
とらえながら
未来を見すえた
行動ができる
真剣な話も
ユーモアたっぷりに
人の心に響くよう
伝えられる話力がある
自分が成長進化する
ことが三度の飯
よりも大好き
上品ないでたちの中に
凛とした美しさと
芯のある強さを
兼ね備えている
社会貢献をしようと
心がけており、
実行力がある

他人を気にせず自己主張することで才能が開花する

スター系のあなたは、自分の考えやアイデアを全面的に押し出して表現することで才能が開花していくタイプ。単なる思いつきでなく、経験や客観的データに基づいて斬新なアイデアを考える発想力もあるので、自分がいいと思ったことはハッキリと表現することが、未来を切り開き、好循環をつくります。ナルシストと言われるくらいにうぬぼれている感覚があるほうが、周囲に対してもすがすがしく気持ちよい影響を与えられるので、自分を信じきる心の強さを育てていくことが、才能を発揮する大きなポイント。意見が違っても多数決に流されるのではなく、自分のポリシーを貫きましょう。

今の部屋

引き出しや押入れが乱雑な、見た目だけ整える部屋

今の状態

人にどう思われるかを意識することが、心の弱さを肥大させる

人を魅了する影響力があるスター系のあなたは、他人がどんな反応をするのかを繊細に気にしてしまう傾向にあります。人によく思われたいという気持ちが強くなってしまうと、他人にウケる自己表現だけをするようになって、ダメな自分やカッコ悪い自分は、心の奥底にしまい込んでしまう感覚はないでしょうか。

そうやって自分の弱さを隠すことが続くと、どこか後ろめたい感覚が残り続けるようになり、自信を持って自己表現ができなくなります。そんな心の葛藤が、外からは見えない引き出しや押入れの乱雑さに表れます。

スター系＊あるあるリスト

	人に注目されることが気持ちいいと思う
	行ったことがない土地へ旅をするのが好きだ
	人に何を言われようとも 自分が興味あることには夢中になる
	いい情報や感動したことは 人に話したくてしかたがない
	ユーモアがある人と一緒にいるほうが好きだ
	意外と繊細で人見知りな側面がある
	自分より地位や名誉・権力がある人に 影響されやすい
	興味があることはすぐに調べたくなる
	思い立ったらすぐに行動するほうだ

チェックが多いほど、スター度が高いでしょう

30ページとあわせてチェックして

スター系体験談：ゆうこさんの実例

小さな完了を大切にする一歩から、内気な主婦が世界に羽ばたく

現在は主婦でありながら、片づけメンタリストとしての活動や、講演企画、執筆活動、ラジオ出演など、人生を最大限楽しむための研究に奔走している、ゆうこさん。「片づけ」でネット検索中、偶然ぼくのブログに行き着いたことが、ぼくを知るきっかけだそうです。

当時のゆうこさんは、心が片づかなくて、常に人との比較で心がざわついている状態。特に仕事を辞めて専業主婦になってからは、得意ではない家事に向き合うことで、できない自分を感じていました。

世の中には、キラキラしたカリスマ主婦がたくさんいます。家の中は、いつもきれいに整い、おしゃれな部屋がテレビや雑誌で特集されている。「わたしもあんな

ふうにキラキラしたい」。そう思って書店に行き、コーナーの大部分を占めている美しい片づけ本を読んでは、部屋を片づけようと何度もトライする。しかし、大きく変わることはなくて、挫折を繰り返していました。

でも、片づけを勉強すれば、資格もとれて、部屋もきれいになり、人からあこがれられる女性になれるのではないか。そんなことを夢見て、片づけの資格を勉強したそうです。そのおかげで、以前よりも片づけられるようになりました。

だけど今度は、「一緒に学んだ人たちと比べて、まだまだ、わたしは片づけがうまくない。もっとできないと人に伝えることはできない」。そう思うようになったそうです。

そんな中でぼくのブログと出会い、そこに書かれている内容には「片づけ」という言葉は入っていても、おしゃれな部屋が出てくるわけでもなく、具体的な収納方法が書かれているわけでもない。心理的な話が中心で「きれいにしなくては」という窮屈な気持ちにならずにすむ安心感で、ゆうこさんは、ぼくのブログやメルマガを読み続けてくれていました。

そうしているうちに、ぼくがメルマガで伝えていた、母校である日本メンタルヘルス協会という心理学スクールに興味を持ち、そこに通うようになります。「心理には興味があるし、カウンセラーの資格もとれば、自分で仕事ができるかもしれない」と思って。

ところが通いだすと、子ども、夫、親、身近に関わってきた人への気持ち、言葉……あらゆることに対して、自分が正しいと思っていたことが、間違っていたのではないか。そんな気持ちになり、毎回授業は、自分のあり方を振り返り、反省することばかり。

人の心理を学んで、楽になるどころか、自分を責め続けるサイクルへと入っていったそうです。スクールの先生が、「完璧主義の人は、学べば学ぶほどしんどくなるよ」と話していたのが、まさにそのとおりで、学ぶほどに、自分の未熟さに焦点を当ててしまい、授業のたびに心が痛んでいたとのことでした。

それでも、そのしんどさの先に見える世界があるのではと思い、心理学教室の最終クラスであるプロコースに進むことに。毎回、先生方の熱意と人間味あふれる授業を受け、同期と課題に取り組むうちに、少しずつ心の中の仕組みがわかり、心のざわざわも静まるようになっていったそうです。しだいにこの心理学を自分なりに消化していかしていきたいと、自分で勉強会なども企画するようになる半面、卒業してからの活動は、まだ見えてこない状態。

そのころ、日本メンタルヘルス協会のプロコースゲスト講師として、ぼくが登壇することになり、その際に、初めてゆうこさんと会いました。その出会いをきっかけにして、ゆうこさんは、1泊2日で開催した初の片づけ心理実践合宿にも参加してくれました。

合宿は少人数制で、大阪の宿泊施設で行ったのですが、食事中もフル稼働で皆さんと過ごしました。その合宿を通して、ゆうこさんが何よりも驚いたのが、「伊藤勇司のあり方」だったそうです。

ぼくがことあるごとに、「素晴らしい！」と発言しながら、さらに伊藤勇司自身が自分のことを、「素晴らしい！」と連呼している。自分を好きな人は、たくさんいるかもしれないけれど、それをこれだけ言葉にする人は見たことがない。そして、受講生の発言にも、素晴らしいと感じる要素を見つけては、素晴らしいとすぐに言葉にして伝える。

「自分で自分の素晴らしさを認め続け、関わる人の素晴らしさを認め続ける稀有《けう》な存在」

一緒に過ごす中でそんなことを感じてくれたようで、ゆうこさんは、なぜ関わる人の中に、それほど素晴らしい要素を見つけることができるのか、自分のことを自分で大好きだと言えるのか気になって、ぼくにこんな質問をしました。

「勇司さんはなぜ、それほどまでに圧倒的に自己肯定感が高いのでしょうか？」

そう質問されたときに、ぼくはこう答えていました。

「自己肯定感が圧倒的に高い理由は、『小さく自分を認め続けているから』です。どんなささいなことも、できたことがあったら、『できた！』と言葉に出して承認する。そうやって自分を自分で認めている回数は、普通の人の比較にならないくらいに圧倒的に多いかもしれませんね。そして、この小さく自分を認めるために、片づけが非常に効果的なのです！」

その話を聞いてから、ゆうこさんは早速「小さく自分を認める」ことをスタート。大きな成果でなくていいいし、他人が認めてくれることじゃなくていい。「自分が行った行動を自分で認める」。そのために、まず何かをやる以前に、**「普段自分ができているいることを細分化する」ということから始めました。**

1日24時間を振り返って、いつも当たり前にやっていることこそを、「できている」という観点で項目に細分化するのです。朝何時に起きられている。歯磨きができている。家族の朝食を用意できている……という感じで、当たり前にやっている行動を、できるだけこまかく紙に書き出して、「できている」と認めていく。

それをやるだけで、これまで他人と比べて自己否定していた自分がせつなくなるくらいに、「涙ぐましいほど、毎日いろんなことをやってきていたんだ……」と、自分で自分を認めるようになっていったそうです。そこから部屋の片づけにも取り組み、テーブルを拭いたら、テーブルが拭けたと自分を認める。というふうに、**一つ一つ片づけながら「行動した自分を認める」ことを繰り返していく**と、今まで片づけ本を何冊読んでも変わることがなかったゆうこさんが、「片づけを積極的にやりたくなる」というほどに、日常生活に自然と片づけがとけ込んでいくようになりました。

ここがポイントなのですが、ゆうこさんは片づけが好きになったわけではありません。そうではなくて、**「自分を認めるのが楽しくなった」からこそ、自分を認めるきっかけが簡単に生まれる、片づけに取り組みたくなったのです。**

スター系の人ほど、完璧主義的な発想で、他者の評価によって自分の価値を判断しやすい状態になっています。それが悪いわけではありません。ただ、一歩間違うと出会う前のゆうこさんのように、常に他人と比較して自分の劣っている部分を探すようになり、完璧になれていない自分を責めるサイクルが続くのです。

この**負の連鎖を好転させるために重要なポイントが、自分で自分を認めるということ。**そうやって自己承認をしていくと、純粋な喜びを味わえるようになり、それが「本質的なスターとして」一緒にいるだけで人を幸せにできる影響力にも変わります。

こうして一歩一歩、「自分の小さなできた」を認め続けていくことで、ゆうこさんは昔の自分を思い出しました。結婚をして、子どもが生まれることで、「良妻賢母であらねばならない」と思うようになり、夫を陰で支えるいいお母さんでいなければとも思うようになっていたそうです。

でも、ふと結婚する前の若いころの自分を思い出してみると、バンド活動でボーカルを担当して、いちばん前で目立つ存在として、自己表現を思いっきり楽しんでいた。竹を割ったような潔い性格だったことも思い出し、そんな自分のほうが心地いいと感じるようになっていきました。

そのことに気がつくとゆうこさんは、より自分の興味関心があることに没頭したくなり、しまいにはご主人に対して、「これから私、好きにさせてもらうわ」とはっきりと伝え、誰に気をつかうこともなく自分の意見も素直に言うようになりました。それまでは、大阪からほとんど出ない内向的な主婦でしたが、今では、行きたい場所に行き、会いたい人に会い、大阪を飛び立って、東京や沖縄やニューヨークまで羽を伸ばし、パワフルに毎日を過ごしています。その体験談をもとに、ゆうこさんが主人公のモデルとなった『毒舌フェニックスが教える家族を救う片づけ』（KADOKAWA）が発売されました。

ゆうこさんのようなスター系の人は特に、弱さをさらけ出すことが苦手な傾向にあるからこそ、**自分の弱さや負の感情を自分で受け止めることが、本当の意味での強さを兼ね備えて輝くきっかけになります。**

そこでここからは、ゆうこさんが変化する転機になった、「小さなできた」を認めていくプロセスを中心にして、スター系の人におすすめな自己肯定感を高める片づけを紹介します。

スターに目覚めたゆうこさんの片づけStory

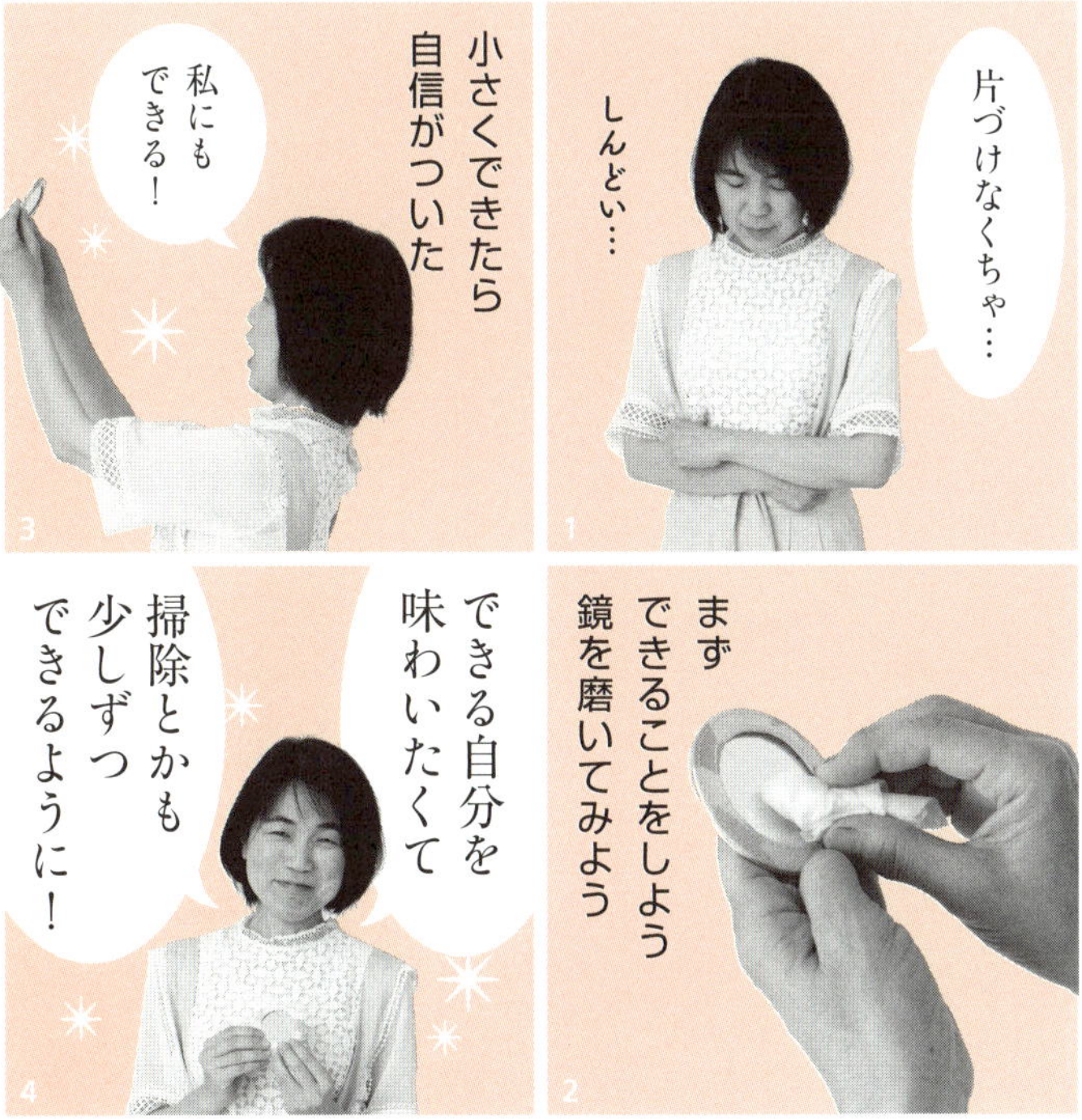

スター系がまずやるべきこと

小さく完了させる

スター系のあなたが最初に大切にしたい行動が「小さく完了させる」という一歩です。才能あふれるあなたは、そつなくさまざまなことをこなす能力があるからこそ、人から求められる存在として、他人の要望や期待に応えることが軸にもなりやすい性質があります。他人の期待に応えることで一時的な満足感はあっても、人生における充実感は得ることができません。なぜなら自分が納得できる自分でいることが、あなたにとって最大の充実感になるから。小さく完了させる習慣を身につけることは、自分の意思でやると決めたことを完了させることにつながり、常に自分の意思を尊重するあり方を形成するためにとても効果的です。スター系のあなたは意思を持って生きることが、自分の魅力にも直接反映されていくので、小さな完了を繰り返して意思を強化しましょう。

行動を分割する

まずは、小さく完了させるための基本的な考え方として、行動をこまかく分ける癖をつけましょう。例えば、「玄関の掃除をする」という行動を、「玄関の靴をそろえる」「履かない靴を靴箱にしまう」「玄関を雑巾がけする」など。おおまかに玄関掃除としてとらえているものを、より細分化した行動に分割して考えると、それだけで行動に対する心理的ハードルも下がります。

1アクション・1タスクにする

一つの行動に対して、一つの項目だけを定める。これをぼくは、「1アクション・1タスクの原則」として、片づけのアドバイスをするときにもお伝えします。完璧志向な人ほど、一つの行動に対して複数の項目を設定しています。例えば「部屋を整理する」と意識すると複数タスクの発想になりますが、「部屋にある本だけを集める」と意識すると、本を集めるという一つの行動に没頭できます。行動をこまかく分割することと合わせて、ここもぜひ意識しましょう。

✳ やらないことを決める

スター系のあなたは器用にこなす能力があり、「やることリスト」などを作りやすい傾向にあります。あれもやりたい、これもやりたいとなると、やることが増えて結局、手つかずになる。だから逆の発想で「やらないことを決める」ことを大切にして。すると、本来やるべきことへの集中力と実行力が高まります。何よりも「これはやらない」と、ハッキリした価値観があることが、スター性に磨きをかけます。

✳ ノートに考えていることを書く習慣を身につける

スター系で卓越した結果を出している人に共通しているのは、ノートを書く習慣があるということです。自分の考えをノートに書き、常に頭の中を整理しながら、ありたい姿を言語化し続けていく。スマホが当たり前になっている現代ですが、紙に文字を書くことは「漠然とした目に見えない心を現実に反映させる最初の一歩」になります。書くということは、心を形にする完了の体験。そうしてあなたの心を形にする行動の連続が、輝かしい未来をつくる鍵になります。

✳行動範囲を決めてアクションする

小さく完了させるためには、あらかじめ行動範囲を決めてからアクションを行いましょう。ざっくりと片づけに取り組もうとするのではなく、「今日は引き出しの1段だけを片づける」というように、範囲を限定して行動するのです。試しに、今から「財布に入れっぱなしのレシートを抜く」という行動をとってください。財布という限定的な範囲と、レシートを抜くというシンプルな行動をするだけでも、結果的に一気に「財布がスッキリする」という完了の体験を味わえるはず。

✳短い時間を決めて行動する

行動の質は時間を決めることで高まります。小さく完了させるためには、小さな時間を味方につけましょう。例えば、5分だけと決めて片づけに取り組むと、「5分でできる最大限のことをする」という行動を完了できます。取り組む時間を決めて行動するからこそ、その時間内にできるパフォーマンスも最大化され、あなたが最も喜びと感じる自身の成長にも勢いがつくでしょう。

スター系の才能を伸ばすためのポイント

- 成長を実感できる完了体験を積み重ねる
- 自分が成長することを目的に過ごす
- できたことやうまくいっていることを記録する

ここまで小さく完了することについて見てきましたが、**小さく完了させる体験を繰り返すことは「自分の成長を実感する」という自己肯定感に直結します。**スター系のあなたは、自分がやろうと思えば、器用に成果を出す能力が高いからこそ、大きな成功を求めやすくなるのですが、それがうまくいかないと立ち直れないほどの挫折感を味わうことにもなりかねません。

そこを踏まえたうえで、あなたの才能を伸ばすポイントは、**成功にフォーカスす**

るのではなくて、「成長」を目的に生きるということです。全力を出してものごとに取り組んでも、必ず成功できる保証はありません。でも、全力を出して過ごせば、人は誰でも必ず成長します。何よりも、成功を求めて判断をすると、間違った選択をしやすいのですが、自分の成長につながる決断をしていると、目先の損得抜きの純粋な決断ができるようになります。

そして、**成長を具体的に実感するために重要なことは、「記録する」のを習慣にすることです。ポイントは、「できたこと」「うまくいったこと」を、記録するということ。**子どものころは成長の記録を親がつけてくれていたものですが、大人になっても成長の記録をつけることはとても重要です。

大人になって社会に出ると、何も意識しなければ自分の変化や成長に鈍感になってしまいます。それが劣等感などにつながって、負の連鎖を引き起こす要因になっていくので、一歩一歩成長している自分を記録に残しましょう。

成長を軸に才能を伸ばしながら、スター系のあなたが持っている才能を、１００％発揮できる自分を作るための片づけのポイントをこれから紹介します。

スター系の才能を伸ばすために
最初に片づけたい場所

引き出し

引き出しは、自分の内面を表す場所です。部屋の片づけにおいても、人に見られる外側をきれいにする人は多くても、引き出しまで整理が行き届いている人は少ないものです。

スター系のあなたにとって重要なことは、**常に自分の内面を理解している状態を保つ**ことです。引き出しに何があるのかを把握しながら、物をため込む場所にするのではなく、物をいかすための収納場所として意識することで、あなたが本来持っている才能を、どんなシーンでも常に最大限に引き出せるマインドが整います。

才能や能力は、持っていることではなく、**常に最高のパフォーマンスで瞬時に引き出せることが重要です。**持っているものを、100%の状態で今すぐに引き出す力があれば、土壇場で最高のパフォーマンスができ、本番に強いメンタリティーが育ちます。

スター系のあなたは成長することや成功への意欲が高いからこそ、ありあまる才能を効果的に引き出せる自分づくりを意識的に行っていくことで道が開けます。ここからは効果的に才能を引き出すマインドを形成できる片づけを紹介します。

引き出し1カ所だけ、何が入っているのか確認する

まずは、引き出し1カ所だけでいいので、何があるのかを「確認する」ことから始めましょう。片づかない人ほど、最初から捨てることやきれいにすることを考えがちです。何かを変えなくていいので、何があるかを正確に把握する意識で引き出しを見たほうが、その結果として、「いる、いらない」の判断が自然にできるようになります。こうした現状確認の作業は、自分が持っている能力を具体的に把握し続ける体質を定着させることにもつながります。

引き出し1カ所を全部出して、戻す

引き出しを確認したら、そこで取捨選択をするのではなく、入っているものを何も考えずに全部出しましょう。全部出すだけで、一つの行動の完了体験も得られます。それから、引き出しの中をきれいに拭いた後に、出したものを戻しましょう。その際に、戻したいものだけ、引き出しの中に戻すのです。捨てるものを考えるのではなく、戻したいものを考えたほうが、本当に大切にすべきものが明確になったうえで取捨選択できます。

引き出しの予備は一つだけにする

引き出しの中に入れている文具や、雑貨などで、予備として「あったら使うかも?」と、入れているものがあるなら、予備は一つだけにしましょう。そうすると、明確に予備を把握したうえで、なくなったらすぐに追加できて、あるのに買ってしまうことがなくなり、余分なスペースを埋め尽くすこともなくなります。引き出しは常に中身を把握できる状態にしておくと、迷い悩み、何かを探すことに時間をかけずにすむようにもなります。

取り出しやすい収納を心がける

引き出しに物を収納する際は、詰め込むのではなく、取り出しやすさを追求しましょう。「どう収納すると、取り出しやすいか?」を、常に考えるのです。服の収納であれば「立てる収納」を行ってみるなどです。やり方は例えば、「服　立てる収納」と検索すれば、最近はいろいろと紹介されています。それらを参考にして取り出しやすい収納を極めると、あるものを明確に理解したうえで活用しやすくなります。

収納はできるだけ減らす発想で考える

物をため込み片づかなくなる人ほど、「もっと収納があれば……」と、収納を増やす発想で思考しています。でも、スッキリ片づく状態をつくるためには、逆の発想が大切です。できるだけ収納スペースを減らすように発想すると、自分が持つべきものが洗練されていきます。なにごとも削ぎ落とすことでクオリティーが上がるのです。「収納を減らすことで、自分の価値が高まる」そんな意識で本当に必要なものだけを残して、収納するものは少数精鋭を意識しましょう。

スター系がさらに意識したい場所

お風呂を幸せ空間に整える

お風呂は、入りながら掃除もできるような、一石二鳥を味わえる場所です。1日の疲れを洗い流し、明日への活力を〝充電〟するための睡眠の質を上げる準備にもなる場所。何よりも、完了体験を習慣化しやすい場所なので、お風呂に入ること自体が、自己肯定感を高めることにも直結します。スター系のあなたにとって、お風呂はとても重要なスペース。お風呂でリラックスしながら、今日の自分の成長を振り返って幸福感を味わえる状態に整えましょう。

お風呂でゆっくり過ごす時間を持つ

シャワーだけですませるなど、お風呂の時間を簡単にすませてしまう人が多いですが、スター系のあなたは、ゆっくりとお風呂の時間を過ごす習慣を身につけましょう。湯船につかり、ゆっくりとぬくもる。あくせくするのではなく、行動にゆとりをもたせるよう意識することが、内からにじみ出るオーラや、背中で語るような持ち前のスター性を引き出す大きな鍵となります。

冷蔵庫を毎日確認する

冷蔵庫は、期限つきのものがほとんどで、常に流動性がある場所です。誰でも毎日のように冷蔵庫を開けていると思いますが、「ちゃんと意識している人」は意外と少ないのです。なんとなく開けているからこそ、賞味期限切れのものがいつまでも置いてあったり、いかせないもので冷蔵庫があふれてしまうもの。だからこそ、「冷蔵庫の中身を意識的にチェックする習慣」をつけましょう。冷蔵庫を常に把握する習慣から、正確な判断力が鍛えられます。

+α 買い物に行くときは、目的意識を優先する

何かを買うときに大切にしてほしいことが目的意識です。特に、日常の買い物にこそ、妥協する自分が形成されるような悪習慣が定着するワナがひそんでいます。今日作ると決めたメニューの食材を買うなど、目的に沿った買い物をしましょう。タイムセールや、その場に影響されて本来買おうとしていた以外のものを、ついつい買ってしまうことが積もり積もって、冷蔵庫にいかせないものがあふれる結果を招くことにもなります。

+α 小さな「できた」を記録する

今日1日の中で、自分ができたことを手帳やノートに記録しましょう。例えば、本書のこの項目を読んだことも、「このパートを読めた」と、記録するのです。できたことを記録して認識することが、具体的な成長の証《あかし》になります。そうやって「できた」を連続させると、「できる自分」が形成されます。まだ見ぬ未知への挑戦に対しても「きっと私ならできる」と、自分を信じてチャレンジできるメンタリティーが育ちます。

スター系

スター系のまとめ

ちいさな完了を大切に
できた自分を認めながら
成長している自分を
片づけを通して確認して

片づけという行為は身近でありながら、「できた自分」「成長している自分」を、目に見える成果として実感できます。具体的に認識できるように記録すれば、明らかに成長が実感できます。成長を喜びとするスター系のあなたは特に、「確認・記録」の習慣を大切にしましょう。誰かに認めてもらう評価的成長ではなく、自分が求める姿に成長することにつながる習慣が、才能をどこまでも伸ばし続ける鍵となることを常に念頭に置いて。

本当は

ファッショニスタ系

実はこんな才能がある

- 「自分自身がブランド」という生き方で人に影響を与える
- パッと明るく純粋な人柄を表現するだけで世の中をうまく渡っていける
- 飾らない素の自分でいるだけで勝手に周りが引き上げてくれる
- その人にしかない魅力を引き出せる関わりができる
- 何歳になっても常に若々しくいられる感受性がある
- 見た目の印象（オーラ）だけで子どもから大人までハッピーにする
- 自分の大好きを思いっきり追求することが結果的に仕事に昇華される

本当のあなたは、こんな姿。
自分がどんどん魅力的になるようにセルフプロデュースできる
好きなものを好きと表現して自分の世界観を大切にする
何も考えずに直感でいいと思ったものをサクサク意思決定する
自分の気持ちが乗らないことはハッキリと断る意志がある
体全体で自分を表現する豊かな表現力を持っている
服を着こなすことで自身の魅力がどんどん増すカリスマ性がある

自分の大好きを追求することで才能を発揮する

ファッショニスタ系のあなたは、心ときめく「自分の大好き」を大切にすることで、本来の個性と魅力に磨きがかかって才能が開花します。「自分の気持ちが本当にワクワクしているか?」が、重要な判断材料となり、理屈ではない素直なあなたの感性で決断したことは、すべてがうまくいきます。そして、喜怒哀楽の自然にわき上がるどんな感情も、そのまま素直に表現していきましょう。天性の資質である「感情表現の豊かさ」が、そのままカリスマ性となって表れていき、あなたの感性で感じる〝好き〟を「誰よりも自分が大好きになる」ことが才能開花のポイントです。

今の部屋

他人の価値観に影響された自分がない部屋

今の状態

自分の好きが受け入れられないと、他人に同調するようになる

　先天的な人間的魅力を持っているファッショニスタ系のあなたは、自分の〝好き〟を他人に受け入れてもらえないと、「魅力がないのかな？」と、自分を疑う気持ちになって、他人が魅力的に思う自分像を描き始めてしまいます。

　認められない状況で過ごす期間が長くなると、人に評価されるために着飾り、自分を演じるようになります。すると、天性の魅力と感性が閉ざされていき、当たりさわりなく生きた結果、部屋はもらった物や、テレビCM、広告、他人におすすめされた物だけであふれるようになり、自分がない状態として荒れる傾向にあります。

ファッショニスタ系＊あるあるリスト

	自分の大好きなものを使っているとそれだけで気分が上がる
	ささいな日常の中で幸せを感じることが多い
	見た目によらず意外と真面目な部分がある
	ひたすら同じことをする単純作業や労働は嫌いだ
	好きなことを検索しだすとネットサーフィンして気づいたら寝不足
	人にいい評価をしてもらえるとうれしくなる
	他人と比べられると嫌な気持ちになる
	できないことがあると言いわけをしたくなる
	どちらかというと、ものごとをいいほうに考えるほうだ
	なんとなく不特定多数に好かれるより、少数の大好きな人と一緒にいたい

チェックが多いほど、ファッショニスタ度が高いでしょう 30ページとあわせてチェックして

ファッショニスタ系体験談：ゆかさんの実例

自分らしさを選ぶ連続が奇跡の再会をもたらす

ベストセラーになった『座敷わらしに好かれる部屋、貧乏神が取りつく部屋』（WAVE出版）の主人公のモデルでもある、ゆかさん。今では底抜けに明るい笑顔を振りまきながら、人を楽しい気持ちにさせる存在として、バイタリティーにあふれる活動をしています。

最初の出会いは2010年ごろでしたが、本格的に関わるようになったのは、ゆかさんがどん底の状態になった2016年に再会してから。

久しぶりの再会に、ぼくはなにげなく質問をしてみます。

「お久しぶりですね。最近は、どうされていましたか？」

そう聞くと、ゆかさんはあまり乗り気ではない様子で、話し始めました。

「実は、いろいろとあって……今、大変なんです……散財して気がつけば借金が増えて、夫との関係もよくない状態で、仕事もうまくいっていません……」

そう力なく話している姿から、見るからにうまくいっていないだろうことは伝わってきました。

そんなゆかさんにぼくが、「現状、いちばんの問題は何でしょうか？」と尋ねます。すると、「とにかく、毎月の支払いが大変で、お金のやりくりがいちばんの問題ですね……」ということでした。

さらに掘り下げて聞くと、お金に困っているから、なんとかしようとビジネス系のセミナーに行ったり、儲かる系の本などを読みあさるも、一向にお金を稼ぐことができない。あげくの果てには、一発逆転の意識が高まって、数十万円する高額なビジネス講座にローンで申し込むも、お金をまったく生み出せずにいるという悪循環。

そのときは、お話を聞くだけでしたが、その再会の数日後に、ぼくにテレビ局の取材が申し込まれました。「汚部屋の人を先生がセッションする様子を撮影させてほしい」という依頼でした。

この話がきたときに、最初は断ろうと思いました。その理由は、10日以内に撮影させてほしいと期間が短いうえに、部屋が散らかっている人は心理的に閉鎖的になっていることが多く、部屋を撮影していいという人は現れにくいと考えたからです。

そんなときに、ぼくはふと、ゆかさんと再会したときの会話を思い出しました。「もしかしたら、ゆかさんなら可能かも……」そうひらめいたぼくは、早速ゆかさんに連絡をとってみることにします。そして、ことの経緯を説明しました。

「テレビ局から取材が申し込まれていて、その取材にご協力いただけるのであれば、無料で個人セッションをさせていただきます。ただし、条件が2つあって、テレビの撮影が入ることと、すべてをさらけ出すということ。（個人情報ではなく、ぼくが行った個人セッション内容は一般公開するという意味で）」

そうお伝えするとゆかさんは、わらにもすがるような状況だったことも後押しし

たのか、二つ返事でOKしてくれました。でも、その後に続けて、

「ところで、あのときに私は一度も自分の部屋が汚いと話していなかったのに、なぜ私の部屋が汚いことがわかったのでしょうか……？（苦笑）」

そう質問されて、ぼくはこう答えていました。

「ゆかさんのうまくいっていない現状から考察して、おそらくそうだろうなと思いました。あと、話し方からもそう感じました。**片づかない状態にある人ほど、コミュニケーションのパターンとして、できていないことや、自分のダメな部分を話しやすく、何か質問をしても端的に結論を言わずに、あれこれ遠回りしたあげくに結局何を話していたのか、何が言いたいのかわからない話し方をする傾向にあるの**です。ストレートに言うと、頭の中が散らかっている印象です。それを、ゆかさんに感じたからですね」

そう伝えると、さらに苦笑いになりながらも、そこからテレビ局の取材を交えた、ゆかさんの個人セッションがスタート。

さて、ゆかさんの家に訪れてみると、ぼくが見てきた汚部屋の中でもトップ3に入るくらいに、部屋は足の踏み場もなく、かなり悲惨な状態でした。服はクローゼットに入りきらずに、暖簾《のれん》のように部屋の入り口にもかけられています。テレビ局のスタッフも、一緒に手伝いに来てくれた人たちも、現場を見ると騒然とするありさま。

ただ、ぼくはその状態を見ながら、**ゆかさんの現状を打破する鍵は、他人軸から、自分軸に戻すことだなと感じます。**その理由は、床が埋め尽くされるほどある物の中に、ゆかさんが本当に必要だと思って手にした物がほとんどないように感じたからです。そのことをお伝えして、撮影を兼ねて部屋の片づけを始めました。

ゆかさんは最初、何をどう片づけていいかわからない状態。そんなゆかさんに対して、「片づけましょう」と、お伝えしたところで行動ができるはずがないのは、本書の冒頭に書いたとおりです。だからこそ、まず床を見渡していちばん多そうな物を集めてもらうように、こう指示をしました。

「ゆかさん、ひとまず床に落ちている本だけを1カ所に集めてください」

そう伝えると、ゆかさんは早速行動に移り、本だけを集め始めました。目的が明確だったので、15分ほどで床に置いていた本だけを集める行動は終了。結果、約300冊の本が一つの部屋に埋もれていました。ちなみに、ぼくの著書もその中に含まれていました。

「では、ここから本を振り分けていきましょう。本当に好きな本だけを選びとってみてください」

そう伝えると、残ったのは13冊だけ。自然風景の写真集などばかりでした。その他は、自己啓発書や投資系・お金を稼ぐ系の本がほとんど。それらは、ゆかさんが本当に好きだから買った本ではなく、うまくいかない現状をなんとかしたいがために買った本ばかり。「それらの本を見るたびに、うまくいっていない自分が瞬間的に連想される本」ばかりだったのです。

そのことを伝えると、いきなり捨てることには抵抗があったようで、本当に好きな本だけを残して、残りはいったんぼくが預かるということで、段ボールに詰めてぼくの事務所へ送ることにしました。それだけで、部屋のスペースがかなりあくからです。

そうやって進めた個人セッションは1日がかりで、終わってみれば本以外にゴミ袋が16袋も！　ただ、結局この日の取材はテレビで使われることはなく、お蔵入り。でも、ゆかさんは**本の片づけを通して、「自分の好きを自分で選ぶ」という行動をしたことがきっかけで、人生の流れが変わり始めた**のです。

その後ゆかさんには、部屋を片づけることを無理に意識しなくていいし、いちばんの課題であったお金のことについても、いったん脇に置いて、**お金の問題を先に解決しようとするのではなく、「自分の好きをとことん大切にする」ということだけを、徹底的に意識してもらいました。**

そうして根気よく関わり続けていくと、気がつけば負債をかかえていたお金の問題がクリアになり、ご主人ともラブラブになり、嫌だった仕事も逆に好きになるという、人生の逆転現象が起きて、それらの実話が一冊の本として発売されるようにもなったのです。

そしてそれだけではなく、さらなる奇跡がゆかさんに起きました。ゆかさんは3歳のころに実の親と別れ、養女として育てられました。ちょうど平成から令和にかわる直前の4月に、実の母親から連絡があって、何十年ぶりかの再会を果たすことになったのです。

生きているかさえ不明で、もの心つく前にいなくなったからこそ、顔も覚えていない状態。そんな中、ゆかさんは実の母親と再会したことで、意外な事実を知ることになります。

実の母は背が高く、スポーツ選手をしていたようで、とてもアクティブな人だったそうです。でも、育ての母親からゆかさんは、「あなたは体が弱いから」と常に言われ、運動音痴だとずっと思い込んで生きてきたそうです。実の母親を見た瞬間に、「本当は運動神経がいいのかも……」と思ったことで、今まで思い込んでいた自分像が崩れて、より活発な自分を意識。現在は日本全国で、今までの経験をもとに講演活動をすることを目標にして、いつまでも健康的でいられるように体を鍛えるトレーニングも開始しました。

現在、ゆかさんとぼくは一緒に全国で対談イベントを行っています。ゆかさんは「自分の好き」を追求するというたった一つの意識から、人生が１８０度変わる流れになりました。

そこでこれから、ゆかさんの人生が幸せな方向に向かうようになった、「自分の好きを大切にするための」片づけを紹介します。

ファッショニスタに目覚めたゆかさんの片づけStory

1
状況を変えたいと思っていました…
ごはん作れない、よく眠れない、ない、ない！
なんでこうなるの？
2
外ではテキパキ
でも家ではぐったり
3
自分の好きな物を選ぶようになったら流れが変わりました
お気に入りのフライパン♡
4
これからは私の時代！
パワーアップ！

ファッショニスタ系がまずやるべきこと

自分の〝好き〟を選ぶ

ファッショニスタ系のあなたが最初に大切にしたいのが「自分の好きを選ぶ」という一歩。心ときめく素直な感受性をいつまでも持ち続けているのが、あなたの才能開花には必要不可欠なこと。自分の〝好き〟に敏感になり、〝好き〟を貫いて、〝好き〟に囲まれて生きる。そうすることで、生き方にも一貫性が生まれます。

自分の〝好き〟を選び続けることで持ち前の感性が豊かになれば、心に響かないものは手放すという理性的で潔い判断が自然にできるようになります。ファッショニスタ系のあなたは、理性で「捨てる、捨てない」を考えるよりも、自分の好きに没頭していくほうが、結果的に理性的な取捨選択ができるようになります。

✳ 朝5分だけ好きを意識する

睡眠をとった後、朝起きてすぐの時間は、頭の中が整理されていてムダな情報がない感性優位な状態です。その時間に自分の大好きなことに思いをはせることによって、いい気分で一日をスタート。一日中、自分の好きなことにアンテナが張れる状態が続くので、新たな発見も自然に増えていくようになります。

✳ 好きなものを具体的に言語化する

あなたは自分の〝好き〟を、瞬時に言葉にできますか？ ファッショニスタ系のあなたは、好きなことを聞かれたら瞬時に答えるくらいに、自分の〝好き〟を明確にすることが未来を切り開く鍵になります。好きな食べ物、好きな人、好きな場所……紙に書き出したりするなど、〝好き〟を明確に認識して、いつでも自分の大好きを語れるようにすると、おのずと〝好き〟だけに囲まれる人生になります。

✳ 過去のポジティブな体験を思い出す

過去のポジティブな体験は、思い出すだけでいい感情に包まれます。嫌な経験をした後はネガティブな感情になり、その状態で行う選択は、マイナスな結果を引き起こしやすいもの。例えば、家族との関わり、仕事の充実、満たされたプライベートの体験など。過去のポジティブな体験は、いい未来をつくる原動力になります。

✳ 未来がどうなったら最高かを思い描く

最高の未来を思い描くことは、現在の行動を大きく変える原動力になります。そのうえで、自分の〝好き〟を広げるために、未来の理想の自分が好きになっているものも思い描いてみましょう。例えば、アパレル販売員の自分が好きなものと、パリコレのスターになっている自分が好きなものでは、好みが違うことでしょう。より基準の高い自分が好きなものをイメージすることで日常の質が変わります。

✳ 気分が上がるものを部屋に飾る

ファッショニスタ系のあなたは、日々をいい感情で過ごすことが才能開花のポイント。そのために、部屋の中には、気分が上がるものを飾るようにしましょう。人からもらって、気をつかってとりあえず置いてしまっているものがあれば、それは潔く手放すことが大切です。「とりあえず」をなくし、「大好き」で彩ると、あなたの内面的な魅力も向上していきます。

✳ 値札を見ずに選ぶ

買い物に出かけたときに、値札を見る癖がある人は、買えるかどうかを気にする前に、直感でいいなと感じたものを選ぶようにしましょう。金額を気にして物を選ぶ癖がついていると、感性が鈍るようになり、自分の〝好き〟に鈍感になってしまいます。好きなものを選ぶことをいつも大切にするために、金額ではなく感性を大切に。

ファッショニスタ系の才能を伸ばすためのポイント

- 自分の〝好き〟を選び続ける
- 喜びや楽しさなどの快適感情を大切にする
- 自分の〝好き〟に対するイマジネーションがふくらむ行動をする

これまで自分の〝好き〟を選ぶことについて見てきましたが、〝好き〟に敏感になって、〝好き〟を表現していけば、好きなものだけに囲まれる生き方に一貫されます。

ファッショニスタ系のあなたに最も大切にしてほしいことが、**〝好き〟を選び続けることで「自分の喜びにいつも忠実でいる」ということです。あなたがうれしいことを追求することが、結果的に他人を幸せにすることにもつながる**ので、努力して頑張って何かするよりも、自分の〝好き〟に没頭して、〝大好き〟をいつも表現しましょう。理論や理屈ではなく、**快適感情を大切にすることで、あなたの才能はどんどん伸びていきます。**

そのうえでいつも意識したいことが、**イマジネーション**です。感性が豊かだからこそ、大好きなことに対して思いをはせるなど、自分の好きなことに対するイマジネーションをふくらませることが、快適感情を味わい続けられるいちばんのポイントになります。

ファッショニスタ系のあなたは、論理的な左脳を働かせるより、創造的な右脳をメインで働かせることを日常で大切にしましょう。**好きなことへのイマジネーションがモチベーションを生み、具体的なアクションをする原動力になります。**

これからファッショニスタ系の才能を伸ばすために最初に意識したい、快適感情を優先する習慣形成を行うための最初のとっかかりとなる場所を中心にして、部屋づくりを通して毎日が喜びに満ちるような片づけポイントを紹介します。

ファッションニスタ系の才能を
伸ばすために最初に片づけたい場所

本棚

本棚は、理性や知性をつかさどる場所であり、感性や感情とは対照的になりやすい場所です。「陰極まれば、陽に転ずる」という言葉があるように、自分の感性とは対極にあるものをあえて意識すると、逆に自分の感性がより浮き彫りになります。

ファッショニスタ系のあなたは、感情表現が豊かで鋭い感性を持っているからこそ、逆に自分の〝大好き〟に鈍感になりやすい側面があります。ノリがよく、人づき合いに長《た》けているから、〝大好き〟ではなく、単純なノリや感覚に合わせて行動してしまう。それが本当に好きでやっているのか、単に感情やノリに流されてやっているのかがわからなくなり、自分を見失うことも。

他人に流されて一時的に高揚するだけの楽しさではなく、**自分の内側からわき上がる喜びに忠実でいることが、才能を伸ばすポイントです。**

そのためにも、持ち前の感性の対極にある、理性的な部分をあえて意識して、芯がある自分として地に足がついているようなマインドを形成できる本棚の片づけをスタートしましょう。

感情が揺れた本を探す

今、持っている本の中で「感情が揺れた本」だけを、本棚から抜き取りましょう。勉強になった本ではなくて、「感動した（心が揺れた）本」です。本を通して、自分がどんな言葉、どんな物語に感動するのかを意識的に理解することで、あなたが大切にしたい、人生の核となるテーマを知るヒントにもなります。記憶のメカニズムとしても、感情が動いたものほど記憶に定着しているので、直感的に選べるはずです。

理性的に購入した本は手放す

感情が揺れた本は残して、心が動かなかった本や、理性的に購入した本は手放しましょう。この作業は、あなたの得意なことだけに特化して、それ以外の苦手なことはすべて手放すイメージで行ってください。長所を伸ばして、短所は手放す。苦手なことは自分でやろうとせずに、できることに特化して、できる人と協力していくイメージです。そうすることで、あなたの才能は開花します。

イマジネーションがふくらむ本を持っておく

ファッショニスタ系のあなたが大切にしたほうがいい習慣が、イメージトレーニングです。言語で落とし込むのではなく、イメージでとらえる。大好きなものが掲載されているような、心ときめくイメージ写真や、自分の夢や目標など、未来のイメージがどんどんわき上がるような本を、手元に置いておきましょう。意志が弱い人は、意志を強く持つのではなく、「想像力をかきたてる」ことで、結果的に意志が強い自分が育つようになります。

大好きな本は、最低7回は読むと決める

あなたの感情が揺れた本は、最低7回は読むと決めましょう。エビングハウスの忘却曲線では、人が何かを学んだときに、20分後には42％忘れ、1時間後には56％忘れ、1日後には67％忘れるというデータがあります。覚えたものは1日で7割がた忘れるのが人間。でも、その記憶は復習することで思い出すことができ、何度も復習すると永久記憶として定着します。自分の〝大好き〟を完全に定着させることで、直感的にも常に自分の〝大好き〟を選べるようになります。

他人のおすすめではなく、自分の大好きを追求する

これから手にする本を選ぶ際も、他人がおすすめするものを買うのではなく、自分の〝大好き〟を追求するという軸を持って選びましょう。片づけにおいても重要な発想ですが、捨てる方法を身につけるよりも「選ぶセンスを磨く」ほうが、確実に洗練された環境づく

りが行えるようになります。他人のセンスは、自分のセンスを磨くうえでの参考にはなりますが、基準にしてはいけません。本は常に、あなたの魅力的なセンスを磨くために手にすることを軸にしましょう。

ファッショニスタ系がさらに意識したい場所

トイレを心地よい快適空間にする

　トイレは緊張と緩和を同時に体感できる場所。この緊張と緩和がバランスよく繰り返されているのが、自律神経が整っている状態でもあります。ファッショニスタ系のあなたは特に、人の影響を受けやすい傾向があるので、緊張状態が優位になって体がかたくなっているケースが少なくありません。トイレは緊張から、弛緩《しかん》に移行する場所で、弛緩した後の余韻が心地よいと、それだけで幸福感が増大します。アロマを置くなど、トイレを自分なりに快適空間に模様替えしましょう。

+α 毎日窓を開けて換気する習慣をつくる

運を動かすと書いて「運動」と読みますが、人は動くことで活性化され、動くことで場の空気はよくなります。単純に空気の入れ替えをするだけで、部屋に流れが生まれ、そこから行動意欲がわき上がってきます。頭でっかちになっているときほど、動きがなくなっている状態でもあるので、そうした状態からすぐに気分転換できる方法としても、窓を開けて空気の入れ替えをする習慣があると、すぐに発想が転換できて、いい流れをつくれます。

+α 好きなアイテムに名前をつける

自分が好きなアイテムには、名前をつけてみましょう。物に名前がつくことで、特別な思い入れが生まれます。〝大好き〟を別の角度で表現すると「特別なものである」と、とらえることができます。好きなアイテムに対して特別な思いを持つからこそ、そう思えないものは選ばないという判断基準が明確になります。愛車に名前をつけると、長持ちすると言われていますが、実際にぼくも愛車に名前をつけたことで、8年間無故障で快適に走ってくれていると思っています。

+α 言葉を望む状態のフレーズに整える

片づかない人ほど「望まないこと」をよく口にしています。例えば、「忘れ物をしない」という言葉も、その代表的なフレーズ。忘れ物をしないと発想すると、「忘れ物」が連想されるので、逆に忘れる確率がアップします。正解は「必要なものを持っていく」ということ。「必要な書類を今すぐカバンに入れる」「定期入れを持っているか確認して家を出る」など、しないようにするという発想ではなく、「必要なことをする」という言葉を使いましょう。

+α 寝る前に、明日の準備をする

ファッショニスタ系のあなたは、直感的な行動や感覚的な判断で意思決定しやすいからこそ、先にやったほうがいいことを後回しにして、結局、後で損をする事態を招きやすくなりがち。寝る前に明日の準備をする習慣をつけると、朝が楽になるのはもちろんのこと、夜にネットサーフィンをしたり、むだにダラダラと時間を浪費して寝不足になることも防げます。「終わりよければ、すべてよし」これを合言葉に、寝る前に明日の準備をして一日を終わらせましょう。

ファッショニスタ系のまとめ

自分の"好き"を選びながら
イメージを重視して
快適感情を生み出せる
感性あふれる部屋づくりを

ファッショニスタ系のあなたは感情が優位を示すからこそ、そのパワフルな感情をいい方向にいかせる自分でいることが大切です。感情はエネルギーです。いいときは天にものぼるようだけれど、悪いときはどん底を味わいますよね。うまくいけば大成功、悪くなれば大失敗という、振れ幅が大きい現実も生み出します。自分の〝大好き〟を常に意識することは、こうした感情エネルギーをいい方向へとコントロールする肝になりますので、日々の中で自分の〝大好き〟を大切にして過ごしましょう。

本当は

ヒーロー系

実はこんな才能がある

◆人の心に寄り添い、相手を思いやる対応ができる
◆自分が模範となって他人に影響を与える
◆逆境でも何度もトライし自分が望む目的を達成する
◆あらゆる未来を予測して最善の行動をイメージできる
◆存在だけで人に安心と信頼感を与えられる
◆たくさんの人を自然に巻き込んで仲間と楽しく目標を達成できる
◆多数決ではなく、少数派であっても思いに忠実な決断ができる

本当のあなたは、こんな姿。

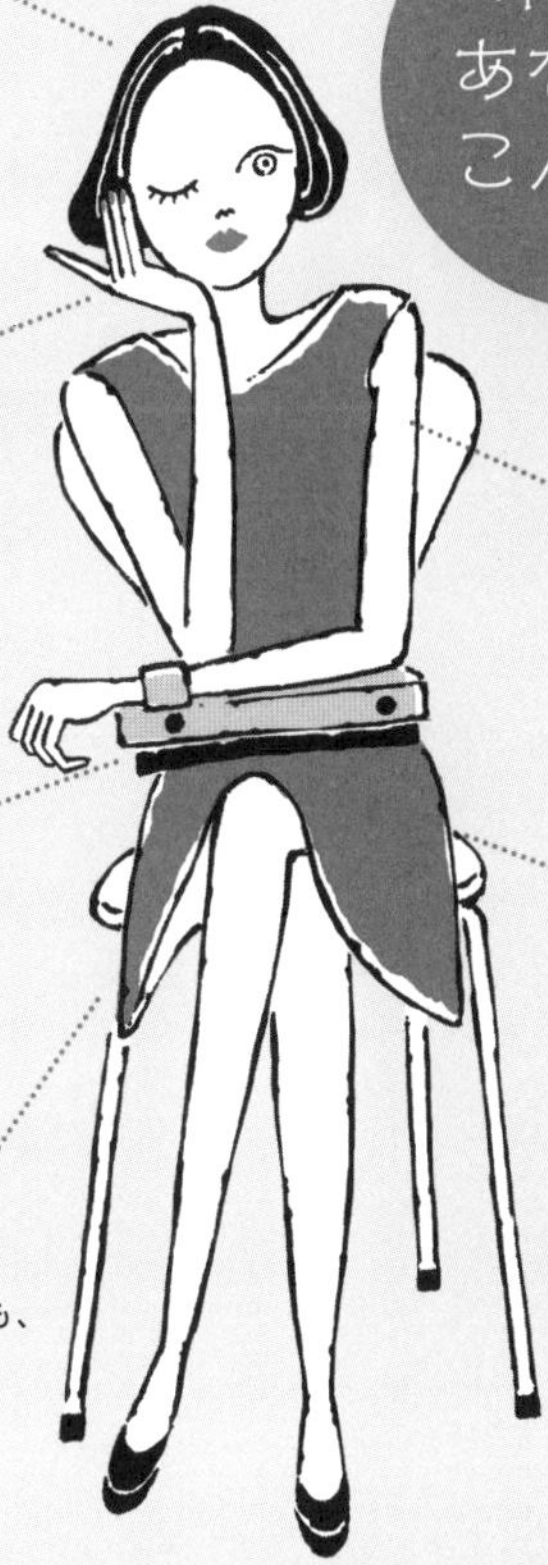
積極的に、
グイグイ夢を
かなえていく
夢や目標やビジョンを
語ることで
人をワクワクさせる
自分に正直で
まっすぐかつ誠実な
対応をすることで
未来が開かれていく
自分の信念に沿って
行動することで
周囲にいい影響を与える
常に胸を張って
さっそうとしている
自分の考えを
ハッキリ伝えつつも、
相手も柔軟に
受け入れる

愛を行動で表すことで才能を発揮する

ヒーロー系のあなたは、自分の思いに忠実に従いながら、愛ある行動をすることによって、本来の才能が開花して、人にいい影響を与えていくタイプです。もともと人を思いやる気持ちや正義感が強く、愛情深くて人のことが大好き。人間的な魅力に満ちているあなたと関わるだけで、みんなの心はいやされ、未来に希望が持てるようになります。ただ、「言わなくてもわかるでしょ」と以心伝心の関わりにならずに、内に秘めた情熱や思いはしっかりと言葉や行動で表すことが大切。世間の正しさよりも、自分の素直な思いを表現して、他者と心でつながる関係を築くことが、才能開花の鍵となります。

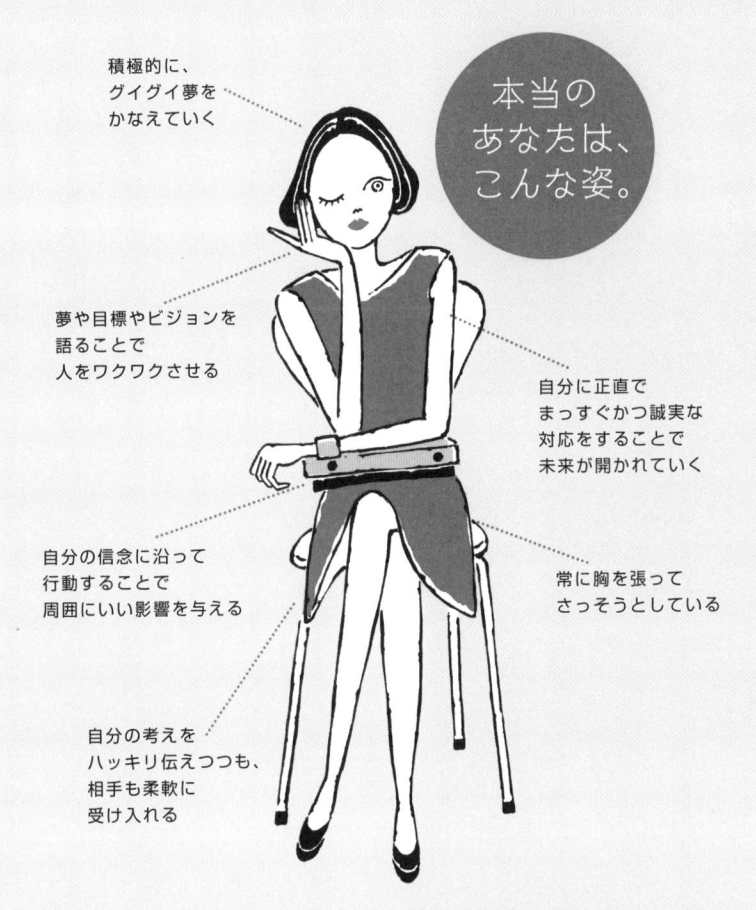

今の部屋

埃が停滞感を感じさせる活力のない部屋

今の状態

誰かを思う愛情が、自分をなおざりにし自己犠牲につながる

愛情が深いヒーロー系のあなたは、器が広いからこそ、他人を思いやるあまりに、自己を犠牲にしてしまい、自分の気持ちをなおざりにする傾向にあります。

たくさんの人に慕われるような魅力があり、人が集まってきやすい半面、「そういう人たちの要望に応えよう」と信念や純粋な気持ちに反した行動・決断をすることで、苦しくなってしまう経験をしたことはないでしょうか。ヒーロー系のあなたは、他人を意識しすぎると自分がなおざりになって、人に愛を求めて依存心が強くなることが、活力のない部屋に表れます。

ヒーロー系＊あるあるリスト

	他人に無理だと言われても、自分でやってみて判断する
	人が喜ぶことを考えるのが好きだ
	人を好きになったら一途に愛する
	褒められたら伸びるタイプである
	自分の行いに、自分で惚れる感覚になったことがある
	鏡で自分を見ることが好きだ
	たまに「いい人」を演じてしまうことがある
	相手を立てることを意識することが多い
	チャレンジすることに生きがいを感じる
	表立って感情を出すよりも、内に熱い思いを秘めているほうだ

チェックが多いほど、ヒーロー度が高いでしょう
30ページとあわせてチェックして

ヒーロー系体験談：直木さんの実例

磨くことで不安が片づくと、愛と情熱に満ちた人生が始まる

お金や恋愛などの相談を通して、幸せなパートナーシップを築くサポートをしている直木さん。現在は、個人事業主として独立していますが、出会ったころは、安定の象徴とも言える国家公務員。国税局で勤務していましたが、外資系の保険会社に転職。ノルマが厳しく、半ばうつ状態で退社。寝室の床に新聞紙などがバラまかれ、足の踏み場もない部屋で過ごしていたそうです。

そこから一念発起して、国税局の経験をいかし、地方公務員として再就職。税金の回収業務を行う「滞納整理」の部署で、いわゆる取り立ての仕事を担うように。

国税局での仕事と共通していたことは「正義のもとに仕事をしている」ということ。税金を滞納している悪いやつらから、まっとうにお金を回収していく。そういっ

た正義感を持ち、滞納整理の仕事に取り組んでいたそうです。そんな中、先輩と一緒にとある会社の税金回収業務に携わってから、考え方に変化が生まれました。

いつものように税金の取り立てに現地へ向かうと、人のよさそうな社長が出てきます。「なんとか支払いますので、もう少し待ってください……」とやりとりをしながら、支払期日を決めて次に会う約束をしました。約束の日にまた訪れると、社長さんはどこにもいません。そこには親族がいて、部屋に入ると「遺影」が、目の前にありました。しかも、社長だけではなく、奥様も一緒に遺影になっていたのです。

衝撃を受けて帰るときに、同行していた先輩が、こう言ったそうです。

「まあ、よくあることだ。じきに慣れるよ」

それを聞いた瞬間、「こんなできごとに慣れたくない！」と、強く心で思ったそうです。でも、仕事を辞めるわけにもいかずに、淡々と業務をこなしていく日々。

仕事はどんどん忙しくなっていき、ただでさえ過酷な状況で、心の葛藤は増大するばかり。心身ともに疲弊していた直木さんは、ある朝仕事に行こうと思ったら、体が動かずに立ち上がれなくなります。どうにもできなかったので、その日は仕事を休むことになったのですが、結果的にその日を境にして、3カ月ほど仕事を休むことになります。原因がメンタル面にあるだろうということで、心療内科に通いながら心のケアを中心に休養期間を過ごしていたそうです。

その期間に『嫌われる勇気』を読んだことで、治って復帰したら心理学を学んでみようと決意。それによって、自分と同じように悩んで苦しくなってしまった人の、何か役に立てたらとも思うようになりました。

そうして職場復帰をしてから1年がたったころ。直木さんは、当時のことを思い出して、心理学を学びに行くことを決意します。そのときのスクールこそが、ぼくの母校でもある日本メンタルヘルス協会という心理学スクールでした。

その母校にぼくが卒業生のゲスト講師として登壇した際に、直木さんと初めて会いました。講座が終わった際に、ぼくの書籍を購入してくれたので、サインをすることに。そこにぼくが書いたのが、「過去を磨けば、未来が輝く」という言葉でした。

この言葉の意味は、自分の輝く未来を築くための鍵は、これまで過ごしてきた過去の経験の中にあるということです。よりいい未来を手にしようと思ったときに、多くの人は「今の自分にないもの」を求めがちです。自分にないものが手に入れば、未来を変える力になるはず。そう思って、**自分に欠けている何かを埋めようとする人ほど、部屋が片づかなくなっていく傾向がある**のをぼくは数多く見てきました。

そうやって外に何かを求めていくのではなく、**「今の自分にすでにあるもの」に着目しながら、そのすでに持ち合わせている資質こそを磨いていけば、未来は必ずいい方向へと進むようになります。**これは、ぼく自身が強烈に経験したことでもあるからこそ、サインの言葉にしていました。

そのご縁をきっかけにして、直木さんはぼくの講座にも通ってくれるようになり、幼少期からの自分について語ってくれる機会が生まれます。

直木さんは幼少期のころから、親の言うことは、基本的に素直に聞き、親の顔色をうかがう「いい子」として過ごしてきたそうです。「おまえは絶対に公務員に向いているから、社会人になったら公務員になれ」そう言われながら、親が敷くレールに従って、素直に公務員を目指しました。どこかで違和感を感じながらも、親の期待に応えるために従っていたのです。順調に公務員になったわけですが、心理学を学ぶにつれて、自分の心に素直に向き合うことになりました。

これまでの自分を振り返ると、体調不良になったり、心が病む結果にもなったり。

「向いてたら、こんな病気にならないのではないか……」と、自分が歩んできた道と、親から言われていた才能に矛盾を感じ始めるようにもなったそうです。

そんな中で、ぼくが初めて沖縄で開催した3泊4日の合宿に、直木さんは参加してくれました。合宿でぼくは「お金」というテーマでスピーカーとして登壇しました。そして、公務員としてお金についてのリアルな現場を仕事にしていた直木さんに、単純に興味がわいてこんな質問をしてみました。

「直木さんにとって、お金とは何ですか？」

出てきた答えは、「爆弾」「武器」「凶器」という言葉で、「取り扱い方を間違えたら、人を傷つけてしまったり、死に至らしめることもあるので」とのこと。

しかし、次の日の朝に、あらためてこう答えてくれたのです。

「あれから実は少し答えを考えていたら、ふと〝お金は恋人〟という言葉が降りてきて、目覚めました。つき合い方によっては相思相愛になって幸せにもなれるし、冷たくすると離れていくもの。それが、お金かなって思います」

お金は恋人。直木さんが今までにないくらいにいきいきと語っているのを感じて、公務員としての経験が、きっと多くの人の人生を救うことになる、とても貴重な経験ではないかなと、そのときぼくが素直に感じたことをお伝えしました。

そうして沖縄で過ごした時間が、直木さんのこれからの人生を見つめ直すきっかけになったようで、公務員として働きながら感じていた、どこかぬぐい去れない違和感の正体に気づくことにもなったそうです。公務員として15年以上働き、安定した収入もあり、このまま働いていればお金の面に関しては将来安泰は間違いない。

でも、その約束された生活を歩むうえで、自分の心が素直に喜べる状態ではないことは確か。これまで、親の期待に応えるように生きてきたけれど、「本当の自分はどうしたいのか？」を、沖縄合宿を経てあらためて問い直したときに、ぼくのような時間に縛られない働き方で、家族や大切な人のために時間を使い、自分が心から喜べることに対して、残りの人生の時間を使いたい。そう強く思うようになり、直木さんは公務員という安定した職を手放す決意をします。ぼくは、何かをしたほうがいいとか、何かをやめたほうがいいとは、いっさいアドバイスしません。どんな生き方を選択するのもその人の自由という前提で、「直木さん自身の心が喜ぶ生き方をすることが大切ですね」と伝えていました。

その後、ぼくが定期的に開催している〝お金（5円玉）を磨くココロミガキワークショップ〟に参加して、心の状態が変わるだけで、一瞬で身体パフォーマンスが変わる体験をしたことで、あらためて自分の心が求める方向へ進むことを決意。退職を決めてから1年を待たず、公務員を辞めて、現在に至っています。

今まで未来が保証された公務員という道で生きていたのを、未来に何の保証もない個人事業主として独立するということは、誰もがそうたやすくできることではありません。でも、直木さんの心が求めていたことは、保証された未来ではなく、「たとえ不安定であっても、自分の理想を追求する未来」だったということです。

直木さんはとても誠実で正義感が強いからこそ、他者を思うあまりに「周囲の期待に応えよう」と、ずっと自分の気持ちを抑え込んで生きてきました。**ヒーロー系の人は特に、相手を思う純粋な気持ちが強いからこそ、裏を返せば自己犠牲的な自己表現をしやすくなるものです。**でも、自己犠牲はやはり、長続きはしないもの。

その流れが大きく変わるきっかけになったのが「磨く」ことでした。お金や家にあるものを磨いてみるとよくわかるのですが、物は磨けば必ず美しく輝くようになります。**その磨く行為は、きれいにする行為ではなく、本来の美しさに戻す行為**です。物はすべて、生まれたときには新品できれいな状態です。でも、時がたち、使い込んでいくうちに、汚れてしまうようになる。それをそのままメンテナンスせずに放っておいたら、物は早い段階で使い物にならなくなります。

それと同じように、人の心も定期的に磨きをかけないとさびついてしまいます。「病は気から」という言葉があるように、心がさびついてしまうと、それがきっかけで心身症など体調面に影響が出るケースは少なくないのです。

そうして直木さんと定期的にコミュニケーションをとるようになってから、過去に情熱を注いでいたことについて話す機会がありました。直木さんが情熱を注いでいたのが、意外と言ったら失礼かもしれませんが「恋愛」だったのです。その当時は比較的もの静かで正確にものごとをこなす公務員のかがみのような人という印象を受けていたのですが、過去の恋愛事情を聞くと、好きになった人には積極的にアプローチをして、一度フラれてもあきらめずに何度も告白。1年越しで恋が成就した経験もあるというほど。親の期待に応えて「いい人」でいる自分とは、まるで別人格のような積極的でいきいきとした自分がいることを話してくれました。

過去の恋愛事情を根掘り葉掘り聞いていくと、「あなたに初めて人を本気で愛することの意味を教わった」と、相手の女性から言われるほどに、好きになった女性を本気で愛する情熱的な一面を次々と話してくれました。直木さんは、「お金は恋人」という、沖縄でふと降りてきた言葉とリンクしながら、現在はその恋愛経験をいかして、恋に悩める女性のサポートをしたり、お金の問題でギクシャクしがちな夫婦間のパートナーシップをコンサルティングしたりしています。また、ぼくが初めて恋愛の角度からの切り口で出版した『一生一緒にいたい」女の部屋「3日で飽きられる」女の部屋』(WAVE出版)の、書籍制作サポートもしてくれました。

ヒーロー系の人は、自分の純粋な思いに目覚めると、誰も止められない情熱を持って、あきらめることなくものごとを成就させていきます。直木さんが本来の才能を開花させるきっかけになった「磨く」ことを中心にして、ヒーロー系の人の才能開花におすすめの片づけを紹介します。

ヒーローに目覚めた直木さんの片づけStory

1
公務員でした
向いてるのか葛藤も…
2
個人事業主になりました！
自分を磨いてます
3
持ち物は大切に磨きます
4
小銭も磨く
財布や名刺入れ、靴を磨くことで変わってきます

ヒーロー系がまずやるべきこと

磨く

ヒーロー系のあなたが最初に大切にしたい行動が「磨く」という一歩です。永遠の輝きの象徴であるダイヤモンドも磨く前は石ころ同然。研磨することによって、その美しい輝きを放つようになります。

それと同じように、ヒーロー系のあなたは磨くという行為を通して、自分の輝きを常に意識することで、いつまでも色あせることがない魅力的な存在として、周囲を幸せにして、影響を与えられるようになります。ヒーロー系のあなたは、貢献心や正義感が人一倍強いために、人助けやボランティア精神が強くなると自分がなおざりになりやすいところがあります。気がつけば人の期待に応えるためだけに行動して精彩を欠くようになりやすいので、常に本来の自分の輝きを忘れないためにも、磨くという行為が自分を見つめ直すいい機会になります。

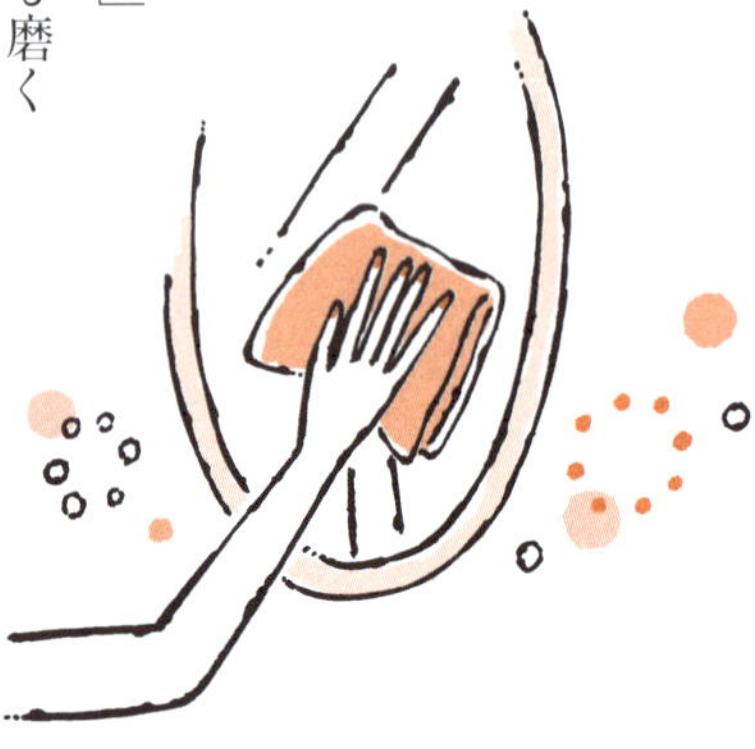

✳ テーブルを磨く

やる気が出たら行動できるのではなく、行動するからやる気が生まれる。このことを心理学者のクレペリンは「作業興奮」として提唱し、自然なモチベーションを高めるために「まずは、やってみる」ことをすすめています。まず、磨く行為の簡単な一歩として、テーブルをていねいに拭いてみましょう。ポイントは「ていねいに」です。テーブルに意識を向けながらていねいに拭き上げることで、より美しくなり、爽快感を味わえます。

✳ 光る場所を磨く

磨く行為がおすすめな理由は、やれば必ず、やる前よりもいい結果になること。それを「具体的にイメージとして体感」すると、次の行動へのモチベーションも自然にわき上がります。そのためのとっかかりとして、効果を味わいやすい場所を磨きましょう。水道の蛇口や、洗面所の鏡や、スマホの画面など。最初は、簡単に磨けて光沢感を味わいやすい部分に取り組むと、磨くこと自体も楽しくなります。

✳ 埃を払う

家の中や家具などを見渡してみて、埃をかぶっているところに注目してみましょう。埃は基本的に「動き（循環）」がない場所にたまっていきます。そのたまった埃を払うだけで、単純な爽快感を得ることができます。サッと数秒ででき、充実感と満足感を今すぐに得られるのが、埃を払うという行為です。埃を払うという単純な行為が、日常生活における迷いや悩みなどの、「思考の埃」も、ぬぐい去るきっかけになります。

✳ 普段使っているアイテムを磨く

普段使っているものが美しい状態にあると、それを見ているだけで気持ちは自然と引き上がっていきます。長きにわたりメジャーリーグで活躍したイチロー選手は、自分が使う道具を大切に扱うことで有名でした。ヒーロー系のあなたは、財布や、靴など、普段身につけているアイテムを磨いて美しい状態に保つことをスタンダードにしましょう。それができなくなることを、地に足がつかなくなっている指標にして、自分のあり方を自分で修正できる目印にするといいでしょう。

✳毎日、一つ（1カ所）だけ磨く

実際に何かを磨くとわかると思うのですが、集中して真剣に磨いていると、瞑想しているときにも似た「よけいな雑念がない状態」になります。いつの間にか、無心になっているはずです。自分の心を整える意味でも、毎日一つ何かを磨く習慣を持ちましょう。鏡、やかん、鍋……身近なものがいいでしょう。ぼくは、毎日お金（小銭）を磨くことを習慣にしています。

✳美しいものを見る機会を増やす

人間の脳には「ミラーニューロン」という、見たものをまねるような神経細胞があります。怒っている人を見ていたら気分が悪くなったり、楽しそうな人を見ていたら気分が上がるのも、ミラーニューロンの働きが関係していると言われています。直接的な磨く行為をしなくても、日ごろから美しいものを見る機会を増やすだけで、脳が自然に美しい状態をまねる行動意欲をわき上がらせてくれます。

ヒーロー系の才能を伸ばすためのポイント

- 一つの行為に集中できる状態づくりを大切にする
- ピュアな気持ちに従った決断をする
- 常に自分の本来の輝きを思い出せる工夫をする

ここまで、磨くことについて見てきましたが、**磨く行為が習慣化されると、卓越した集中力が養われます。**一つの行為に集中できる状態がベースになるようにしましょう。夢や目標など、あなたが心で本気で実現したいと思っていることに対して「一点集中する」自分になればなるほど、あなたはオーラを身にまとうようになり、どこまでも魅力的になっていきます。

ヒーロー系のあなたの才能が開花するポイントは、「一点突破」の意識で行動することです。一生懸命にたくさんのことを同時にこなそうとするのではなく、「一所懸命」になって、一つのことに命をかけるくらいの気概でいるほうが、自分の夢に、人を大きく巻き込めるくらいのパワフルな影響力も身につきます。

ヒーロー系のあなたは特に、**本来持っているピュアな気持ちを大切にした決断をしながら、信念に従ってまっすぐに突き進む**自分でいることが、たとえ何か問題が起きても臆することなく、輝かしい未来へと真っ直ぐに突き抜けていく強靭なメンタリティーを育むことにつながっていきます。

人も物も万物すべては、生まれたときはピカピカな状態。だからこそ、磨く行為はきれいにする作業ではなく、「物を本来の輝きに戻す行為である」と意識してみると、磨く行為を通して心も本来の輝きを思い出すようなきっかけが生まれます。

そして、磨く行為には目の前の現実に集中する力が養われながら、自分の内側の心に向き合う効果もあります。つまり、磨く行為が習慣になるとセルフカウンセリング能力も高まるのです。これからヒーロー系に効果的な才能開花の片づけポイントを紹介します。

ヒーロー系の才能を伸ばすために
最初に片づけたい場所

キッチン

キッチンは料理をする場所であり、油汚れなど、放っておくとしつこい汚れが定着しやすくなる場所です。また、シンクという「水」に直接関係する場所がキッチン。風水ではよく「水まわりはきれいにしたほうがいい」と言われていますが、これは科学的にも根拠があることだとわかっています。

最新の研究では、水には情報を転写する性質があることがわかっていて、海外では健康情報を水に記憶させて、その水を飲用することで病気の治療をするという、水の記憶の性質をいかした医療的応用が実際に行われています。

水まわりを美しく保つということは、そこにある水に美しい情報を記憶させることにもつながるので、そこにいるだけで心も自然に洗われていくような影響も、自然に生まれるようになり、それが結果的に開運とつながるのです。

ヒーロー系のあなたは、**外から来る雑念にとらわれない自分を形成しながら、自分の心が望む方向へと一直線に突き進んでいけるメンタリティーを育む**ことが才能開花のポイントに。そのために最初に意識したい場所がキッチンでもあります。これから、あなたの純粋な心を育みながら、理想の未来に向けて一直線に情熱を傾けられる集中力を片づけを通して養っていきましょう。

水まわりであるシンクを磨く

まずは、いちばん大切な水まわりを磨くことからスタートしましょう。シンクをていねいに磨き上げます。重曹で磨けますが、「シンク鏡面磨き」と検索したらさまざまな方法が出てくるので、それらを参考にして実践してみてください。シンクが美しくなるだけで、心がすがすがしくなる感覚をすぐに体感できます。まずは、自分の行為によって、シンクがピカピカになり、満足感が得られることを実感しましょう。

排水口を美しくする

シンクをきれいにした後に、忘れてはならない場所が、排水口です。排水口は放っておくとドロドロになりますが、見た目の印象よりもずっと簡単にきれいにすることができる場所でもあります。やれば簡単、でも、後回しにすると悪影響。排水口を抵抗なく掃除できるようになると、見た目で判断するのではなく、「まず、やってみる」という、行動ベースでものごとをとらえていくような潔い決断力も自然に身につくようになります。

コンロ周りの壁の油汚れをぬぐい去る

しつこいイメージがある油汚れも、１００円ショップなどで手軽に手に入る「アルカリ電解水」を活用すると、あっさりきれいにすることができます。油は料理をしたときにこまかい粒子になって飛散して、壁などにこびりつくので、コンロ周りのタイルは定期的に拭き掃除を行いましょう。油汚れをサッと落とす掃除を繰り返すうちに、ふとめんどうだと思ってしまうことにも、すぐに向き合っていい方向へと改善する前向きな心を育めます。

週に1回は五徳を掃除する

コンロの五徳も、先ほどのアルカリ電解水で対応できます。五徳は油や汚れがつきやすいので、定期的なメンテナンスを大切にしないとひどい汚れがこびりつく場所。裏を返せば磨きがいがある部分なので、やり始めたら徹底的にきれいにしてみようと思える集中状態を味わえます。

最近はIHなどが増えているので、五徳がない家庭も多いかもしれませんが、コンロに相当するスペースは、できるだけ美しく映える状態にしましょう。

食事をした後は、すぐに洗い物にとりかかる

人間が持つ根源的な欲求の一つが、食欲です。人は食欲が満たされると、幸福感に包まれます。戦国時代の武将は一緒に食事をすると気を許して隙を突かれる可能性があること

から、食をともにすることは避けたと言われていますが、食事をした後にこそ、すぐに片づけに取り組む習慣を身につけると、欲求に流されることなく信念に従った行動ができる、欲望に打ち勝つような強い心を育むトレーニングにもなります。

ヒーロー系がさらに意識したい場所

玄関の靴をそろえる

一事が万事という言葉がありますが、玄関の靴をそろえるという1秒でできる行動が、未来の万事にとてつもない違いを生み出します。一つが整うと、すべてが整う。そんな意識で、靴をそろえる習慣を身につけましょう。自宅で靴をそろえる習慣が定着したら、外出先でも靴をそろえましょう。そして、トイレのスリッパなど、乱れている状態だったら、自主的に整えるチャレンジもしてみてください。靴を整える習慣が、詰めが甘くなる自分の弱さを克服するきっかけになります。

イスにのって天井の埃を払う

天井掃除をするだけで、「めんどくさい」という怠け癖を改善できます。人間は脳が暇なときに「めんどくさい」と思うようになります。イスの上で天井を見上げ、埃を払うという動作自体が、バランスを保つ意識と視線を上げ続ける意識と手を動かすという意識を同時に使う行動であるからこそ、脳が最大限の能力を発揮するモードに切り替わります。片づけるのがめんどくさいのではなく、片づけが怠け心を突破するための現状打破を促せる行為だと頭に入れておきましょう。

+α いつも使う（愛用している）道具を常にメンテナンスする

愛用する道具と自分は一心同体。それぐらいの気持ちで、自分が肌身離さず持つような道具ほど、大切にメンテナンスすることを心がけましょう。財布、カバン、靴、アクセサリー……あなたを引き立ててくれているアイテムを、あなたが大切に扱ってあげることによって、あなたの中にある純粋な愛情が育つようになり、その物への関わり方が人との関わり方にも影響し、あなたのためにに協力してくれる人も増えていきます。

+α 自分で時間を決めるライフスタイルを送る

ヒーロー系のあなたは、決断力を養っていくことが雑念にとらわれない集中力を生み出します。そのためにも、今できることからでいいので、自分で時間を決めて毎日を過ごす意識を持ちましょう。寝る時間、帰ってくる時間、仕事を終わらせる時間、遊ぶ時間、趣味の時間など。例えば「22時に寝る」と今日決めて、22時に寝るようにするなど。時間を決めると、そこから逆算して予定を立てたり、意思決定をするようになったりして、決断の質を高めます。

+α 寝室に理想の自分を思い出すアイテムを置く

正義感が強いヒーロー系のあなたは、困っている人に積極的に手を差し伸べようとします。それが悪いわけではありませんが、必要以上におせっかいすることで、逆に自分が苦しくなることはないでしょうか。そうして直接的に手を差し伸べるよりも、「あなたみたいに私もなりたい！」と思わせるほうが、相手とも自立した関係性を築けます。寝室に理想の自分を思い出すアイテムを置き、寝る前と起きた後に意識して、毎日理想の自分を生きることに特化しましょう。

ヒーロー系のまとめ

本来の輝きを思い出せる

磨く掃除を習慣にして

自分の思いを大切に

愛にあふれた部屋づくりを

ヒーロー系のあなたは、他者に対する思いやりや優しさが人一倍あるからこそ、他人にばかり意識が向くと、自分をいかしきれなかったり、孤独を感じることが増えてしまいます。常に自分の心を大切に扱い、自分が最も自分に優しくする意識を常に持つことが才能開花の鍵だと自覚しましょう。磨く行為をすると自分の心を感じる時間が自然に生まれます。誰よりも自分が自分の味方であることを、磨く行為を中心にして感じ続けましょう。

本当は

隠れリーダー系

実はこんな才能がある

- 全体の流れを把握しながら指揮をとれる
- 誰かを不快にさせずに人を動かすのが得意
- ものごとを論理的に組み立てて効率的に行動できる
- 最短で目標を達成していく合理的な計画を立てられる
- 複数の人の意見をコンパクトにまとめて会話の整理ができる
- 組織において組織のトップのイメージを実行可能なレベルで細分化できる
- ものごとをこまかい部分まで完璧に組み立てていく

ものごとを緻密に計算して
再現性がある行動がとれる
本当の
あなたは、
こんな姿。
目標を最短で達成できる
要領のよさがある
同時並行して
さまざまなプロジェクト
を難なくこなせる
人をまとめることが
上手でチームで仕事を
すると成功する
スタイリッシュで
凛とした
立ち居振る舞いだけで
影響力がある
誰もが実行可能な
地に足がついた
アイデアを出せる

他人の才能を引き出すことで才能が発揮される

隠れリーダー系のあなたは、ものごとを客観的に見る能力に長けていて、他人と関わることで才能が開花します。

分析能力に長けていて、ものごとの細部まで注目できる観察眼を持っているので、普通の人が気づかないような部分に気づくことも多いでしょう。

全体を見通すことが得意で、視野が広く、他者へ配慮ができるあなたの感性が人間関係を円滑にし、あなたと会話をしているだけで、一緒にいる人は自然に頭の中の整理がされたり、漠然と考えていたことが明確になっていくので、他人をサポートすることを考えることが、結果的に自分の才能を研ぎ澄ませる鍵に。

今の部屋

自分が何者かがわからない雑然とした部屋

今の状態

他人のことがよくわかるからこそ、逆に自分を見失う

すぐれた客観性を持ち、他人のことがよくわかる感性を持つ隠れリーダー系のあなたは、喪失感を味わい、自分を見失いやすい傾向にあります。人のいいところも、悪いところも、こまかくとらえる感性があるので、人の悪い部分に注目し始めたら、どこまでも、とことん欠けている部分に焦点を当て始めます。

尊敬できる人のことを意識すると、その人の役に立てるような発想が次々に浮かび成長が加速しますが、嫌な人間関係を意識し始めると常に欠けているところが気になり、部屋が荒れることにつながり、自尊心までも著しく低下してしまいます。

隠れリーダー系＊あるあるリスト

	ものごとはきっちりとやるほうが気持ちいい
	自分でゼロから考えるより、 与えられた課題を早くクリアするほうが好きだ
	ご近所づき合いが多く、 誰かと一緒にいる時間のほうが長い
	自分の思いどおりにものごとが進むことが 快感である
	やりがいがある仕事をしているときの自分は いきいきしている
	なにごとも準備は大切だと思っている
	こまかいことが気になってイライラすることがある
	めんどくさいことは避けたいほうだ
	感情的になることは少なく、理性的に 行動・決断するタイプだ
	愚痴を言い合う関係よりも、 前向きな発言で高め合える人と 一緒にいたい

チェックが
多いほど、
隠れリーダー度が
高いでしょう
30ページとあわせて
チェックして

隠れリーダー系体験談：ゆっこさんの実例

自分の当たり前に気づくことから、才能がお金に変わる好循環に

現在、3児の母として子育てをしつつ、平日は会社に勤務しながらも、週末はやりたいことをしてプライベートも充実させているゆっこさん。出会ったころから片づけは好きなほうで、雑誌にも何度か取材されて誌面に登場するくらいに、片づけにおいては独自のノウハウを確立していました。

実はゆっこさんのように、片づけが得意な人の相談に乗ることも多くあります。**家族などの集団生活における環境改善においては特に、「片づけることを目的にした片づけ」では、無理が生じることが多い**からです。

とはいえ、ゆっこさんはそういった意味での問題をかかえていたわけではなく、単純にぼくに興味を持ったとのことで、大阪で開催された片づけ心理合宿に参加し

てくれました。

出会った当時の印象は、とても積極的で社交的ながら、自分のことになると一歩引くような感じがしました。他人の世話や、手伝いは積極的にする半面、自分の才能や能力の価値には、まだ確信を持っていないような印象。自分がやっていることは、そんなにたいしたことではないというような感じで、自分のことを深めるよりは、何か新しいことを取り入れるために、積極的に外へ学びに行くことに重きを置いていているようでした。

そんなゆっこさんの過去を聞いていくと、もともと最初から片づけが好きだったわけでもなかったそうです。結婚生活を送る中で、しだいに「おばちゃん化」していく自分がいたようで、いつもダボダボの服を着ながら生活していると、ダボダボに合わせてさらに太るようになる。それが嫌で体のラインを隠すような服を着ると、さらにおばさん化が加速する悪循環。

頭の中でイメージしている自分と、鏡に映る自分にギャップを感じていたときに、たまたま片づけの手伝いをする機会が生まれたとのこと。行ったお家に一着とてもきれいな服があったそうです。それが気になって、なぜ一着だけきれいな服が置いてあるのかを質問すると、骨格診断というものを受けて自分に似合う服を選んでもらったのがその一着だとか。話を聞いてゆっこさんも、骨格診断を受けてみると、自分が今まで買っていた服が、ことごとく自分に似合わない服ばかりだったことがわかりました。素材も、形も、色も、なぜ似合わないのかもこまかく教えてもらったことが腑に落ちて、それまで着ていたダボっとした服などを捨てていったことから、片づけがスタート。

その勢いで、ショッピングに同行してもらい、服を選んでもらって、これまでの服はすべて捨てたのだとか。クローゼットには、自分に似合う服だけになってすっきり。この経験から片づけの魅力にとりつかれて、より多くの人に伝えたいと思うようにもなったそうです。

その話を聞いて、**積極的に外で何かを学んでいること以上に、ゆっこさん自身が経験してきたことの数々のほうが、多くの人に求められる価値になるのではないかな**と思いました。

そんな中で、ぼくに立て続けに取材や出版の依頼があり、東京で朝から夕方まで4件も打ち合わせをすることに。そのため、秘書として1名だけ取材同行希望者を募ったら、ゆっこさんが真っ先に手をあげてくれました。

ぼくもゆっこさんも大阪在住なので、二人で新幹線の始発で東京に出発。道中、一日の流れを打ち合わせながら、「今回はぼくへの取材ではありますが、ゆっこさんが感じたことやアイデアは、積極的に取材中に提案してくださいね」と、話しました。ぼくのアシスタントとして取材を手伝うのではなく、「一緒に取材を最高のものにする」という感覚で、一日を過ごすようにしたのです。

朝から続いた取材は、ぼく一人で受け答えするよりも格段にいいものとなり、出版企画の打ち合わせに際しても、ゆっこさんのアイデアが『実践式片づけノートBOOK』(宝島社)の巻末に採用されるなど、一日の取材がとても充実する結果となりました。

隠れリーダー系の人は情報整理能力が高いこともあり、自分が主になってゼロか

ら何かを生み出していくことよりも、誰かと一緒に何かを生み出していくほうが才能を発揮しやすいのです。その理由は、本書で紹介する5タイプの中でも、最も「片づけ脳」が、自然に発達しやすい思考体系を持っているからです。

片づけという行為を動物学的な角度から見たときに、とても複雑な思考体系で行われることが近年の研究でわかっています。複雑な思考体系が必要だからこそ、片づけは人間にしかできない行為だとも言われています。

そもそも片づけという行為は感性優位ではなく、論理的思考優位で行われる行動なので、片づけが得意な人の思考体系は必然的に論理的になり、ものごとを体系立てたり、効率的な行動をしたり、人の話をまとめてシンプルにする能力が高いことが特徴です。

もともと出会ったころから片づけは得意なほうであったゆっこさん。そして、3児の母でありながら、仕事もバリバリこなしていることからも、片づけ脳が発達していることが見てとれる半面、その能力は「漠然と自分で自由になんでもやっていいですよ」という創造性が求められるシーンではいきないことのほうが多く、逆に決められたテーマ（枠）の中で明確な目的意識があるときのほうが才能が発揮されやすくなります。

ゆっこさんが、ぼくの取材という枠組みの中で、才能を思う存分発揮したように、隠れリーダー系の人は、**いい意味で誰かの枠に入って与えられる課題をこなす形で自己表現するほうが、その才能が開花する傾向にあります。**ただ誰かのサポートをすることが「自分がない人」という認識になってしまうと、自分を見失うことにもなってしまうのが特徴です。

取材に同行したことや、普段のコミュニティーの関わりなども振り返りながら、ゆっこさんは、外へ何かを学びに行くことが多くなっていた行動を、徐々に整えて、自分が当たり前にやっていることを表現していくようになりました。

すると、3児の母で子育てをしながら、平日は毎日仕事に行き、週末はママ友と交流したり、自分が興味ある勉強をしたりなど、毎日を自分なりに充実させていること自体が、多くの人の役に立つということが見えてきたのです。

ゆっこさんが行っていたのは、自分一人だけで頑張らない時短家事。子どもや旦那さんも一緒になって、片づけや家事を行うような「チームワークを意識した過ごし方」を家族で自然に形成していました。

そのことが興味深かったので、これまでのゆっこさんの過ごし方を掘り下げて聞いていくと、結婚して子どもが生まれることがわかったときに、「自分一人で子育てするのは無理があると悟った」と話をしてくれました。

そして、あらかじめ自分にしかできないことを考えて、子どもを出産することと、母乳をあげることだとの結論に。それ以外のことは他の家族もできると思い、出産前と同じ生活を続けることはできないだろうから、自分一人だけでやっていたことを自分だけで背負わずに「いかに自分が楽になれるか」ということを戦略的に考えるようになっていったそうです。

例えば、家族みんなが食器や食べ物など、どこに何があるのか自分以外まったく理解できていない状態であることに気づき、出産後に家事も手伝ってもらえるように、ご主人や、祖父母にも、家のことを把握してもらうように関わったそう。出産した後には家族にサポートしてもらえる状態が整っていたことで、一人でかかえ込まずに子育てを始めることができたのだそうです。

また、子どもが成長するにしたがって部屋づくりもそのつど考えて、子どもがハイハイしだしたら、一緒にハイハイしてみて子どもの目線に立ってどんな行動をするのかを考察し、物の置き場所を考えてみたり、子どもが大きくなっていったら、子どもたちが自分で出し入れできるような位置に、普段使いのものを置くようにレイアウトしてみたり。相手の気持ちを考えたうえで、子どもたちが自然に自主的に動くような動線を考え、ゆくゆくは自分で考えて片づけや家事ができるようにと、未来を見すえたうえで自分が楽になる部屋づくりを楽しんでいました。

その結果として、子育てをしつつ、仕事もしつつ、プライベートも充実させるという状態をつくることができたのが現在のゆっこさん。でも、それは自分では当たり前のようにやっていたことだったので、今までその価値を認識することもなく、自分がやってきた行動を振り返ることがあまりなかったのです。

ゆっこさんが当たり前にやっていたことは、実はハイパフォーマンスなことであるように、隠れリーダー系の人は、普段当たり前に行っている行動にこそ、才能開花のヒントが隠されています。

そこを押さえたうえで、これから隠れリーダー系の人におすすめな、自分の当たり前の能力に気づく片づけを紹介します。

隠れリーダーに目覚めたゆっこさんの片づけStory

1
以前は…
家ぐちゃぐちゃやねん
人が来るときは1カ月前に言ってや
2
旦那さんがやりやすいのはどこかな～
物の場所を夫も子どもも全員わかるようにしよう！
3
どこに置こうかな♡
わかりやすく見えやすく置くと、物も喜んでいる気がする
4
いつでも来てねと言える家になりました

隠れリーダー系がまずやるべきこと

物の気持ちを考える

隠れリーダー系のあなたが最初に大切にしたい行動が「物の気持ちを考える」という一歩です。あなたの才能をいかすためには、さまざまな視点を持つことが重要であり「相手の気持ちを考える」ことを実践することによって、自分の価値観にとらわれない発想も生まれます。

また、自分が当たり前にやっていることは、自分の枠の中では気づきにくいものですが、物や人の立場になることで、自分の行動や発想を振り返るきっかけを得ることができます。ただ、人となると誰かがいないとできないことですが、物であればいつでも、どこでもできること。これは心理学の「役割交換法」というメソッドを応用したものですが、海外に行くことで、日本のよさがあらためてわかるように、自分以外の視点に立つことで、自分のよさが明らかになっていきます。

✳どう関わられると、うれしいか？

物の気持ちを考える練習として、まずは財布の気持ちを考えることがおすすめです。自分の財布になったつもりで、財布の気持ちを考えてみてください。レシートがパンパンに入っていると何を感じるのか？ ポイントカードにあふれている状態で、はたしてうれしいのか？ 財布の気持ちになってみたときに、あなたは財布に対して適切な関わり方ができているでしょうか？ ちなみにこれを考えただけで、お金のめぐりがよくなった人も多いので、今一度、財布を見つめてみましょう。

✳どこにあると、うれしい？

人には適材適所があるように、物にも適材適所があります。明らかに考えずに置いてあるものがあれば、「どこにあると、うれしいかな？」と、物の気持ちに立って思考してみましょう。どこに収納するかではなく「どこにあるとうれしいかな？」と、物の気持ち主体で考えるのです。試しに前項で取り扱った財布の気持ちを考えてみましょう。あなたの財布は、どこにあるとうれしい？ ちなみに伊藤家には財布用の黄金布団があり、家族みんなの財布は毎日そこで寝かせています。

✳ 物の視点に立ってみる

隠れリーダー系のあなたにとっては、一つの視点ではなく「複数の視点を持つ」ことが、才能開花の重要な鍵になります。部屋という一つの空間を、食器、花瓶、洗濯物など、さまざまな物の視点でとらえてみたときに、どこまでも遠くの未来を見通せるくらいの、あなたの持ち前の広い視野も強化されていきます。

✳ 物の使用期限を意識する

物にも命があり、その使用期限も存在します。食品だとそれがわかりやすいので、まずは冷蔵庫の食品の賞味期限をチェックしてみましょう。そこから派生して、部屋にあるものの使用期限を考えてみるのです。靴や、マットや、洗面用品や、カーテンや、枕などなど。明らかに使い古されて役目を終えていると感じるものは、入れ替えして部屋の新陳代謝を促しましょう。

✳ 物の細部に着目する

「神は細部に宿る」という言葉があるように、こまかな部分に着目することが、あなたの持ち前の感性を刺激します。例えば、コップに茶渋が残っていないか、窓が曇っていないか、お風呂に水あかがついていないかなど、きちんと意識しないと見過ごしてしまいそうな部分に着目してみましょう。隠れリーダー系のあなたは、細部にこだわる意識を持つことが、才能を開発するポイントになります。

✳ 物が活躍する機会をつくる

部屋にあるものを観察しながら、いかしきれていないものを探して、物が活躍できる機会をつくってみましょう。クローゼットの奥にしまい込んでいる服や、物置にとりあえず押し込んでいる日用品、いつか読もうと思っている本などなど。日の目を浴びずに忘れ去られているものにあらためて注目をしてみることで、逆に何かを手に入れようとするときにも、衝動的な買い方ではなく「本当に使うだろうか？」と、一呼吸おいて考えられる習慣が身につきます。

隠れリーダー系の才能を伸ばすためのポイント

- 自分の気持ちを大切にする手段を持つ
- 自分の価値観を自分以外のものに反映させていく
- 自分が楽になるように他力を活用する

物の気持ちを考えることについて見てきましたが、実はこうして**物の気持ちを考える行為が、「自分の気持ちを確認すること」に直結**します。流れゆく日常の中で、立ち止まって自分の気持ちを考える手段が、物の気持ちを考えてみる行為であることを、頭の片隅に入れておいてください。

隠れリーダー系のあなたは、よくも悪くも他人のことがよく見えるからこそ「他人の枠にはまりやすくなる」という傾向にあります。他人の枠にはまることは必ずしも悪いわけではないのですが、枠にはまることで他人の価値観が「自分の価値観である」と、間違って認識してしまう可能性があり、自分の中にある違和感や正直な気持ちに鈍感になりやすい性質があります。

また、自分を前に押し出すような積極的な自己表現は好まない傾向にあるからこそ、**自分の気持ちを自分で大切にし続ける手段を持つ**ことが才能開花の鍵になります。

隠れリーダー系のあなたは、コミュニケーションのとり方さえしっかり押さえておけば、他人とうまく協力態勢をとる才能があります。その才能をいかすためには、**自分一人で背負うのではなく、他人と一緒に協力してものごとを完了させる意識を持つ**ことが必要。

いい意味で自分が楽になることも考えながら、家族など自分以外の人と一緒になって部屋づくりに取り組むことを大切にすると、部屋づくりを通して絆が深くなっていくようなことも可能です。

そこで、ここからは、隠れリーダー系のあなたの才能を伸ばすための取りかかりとして意識したい片づけを紹介します。

隠れリーダー系の才能を伸ばすために
最初に片づけたい場所

クローゼット

クローゼットは、自己表現をつかさどる場所です。何を着るかで、あなたの印象は変わり、どんな服を選ぶかで、パーソナリティーが決定すると言っても過言ではありません。人にどう思われるかばかり気にすると、自分に軸がない生き方になりますが、**「人に自分をどう見せていくか？」を考える**と、生き方が加速的に整うようになります。

隠れリーダー系のあなたは、**直接的に自分をアピールすることよりも、間接的に伝わっていくイメージ（非言語コミュニケーション）を整えることを軸にする**と、むだな時間や労力をかけずに、スマートに人生設計ができます。

そのために最も効果的なのが、クローゼットを見直すこと。着やすい服、流行りの服、好きな服という観点ではなく、**「他人に認識してほしい自分像が正確に表れるような服を選ぶ」**という発想を取り入れてみてください。

学生服を着たら学生に見えるし、体操服を着たら運動する人に見えるし、美しいドレスを着たら、今の自分がどうであろうとまるでセレブのように見えます。服装を変えることは、他者が受ける印象を変えることに直結するので、自分の気持ちを考えながらクローゼットに「自分らしさ」を反映していきましょう。

今好きな服が、どんな印象を持たれる服かを客観視する

まずは、クローゼットの中にある、あなたの好きな服に着目しましょう。あなたが好きで選んでいる服は、他人からはどんな印象を持たれると感じますか？　着る服装一つで印象が変わることはお伝えしましたが、あなたが好きな服が、あなたのパーソナリティーを正確に表現する服かどうかは、まったくの別問題です。まずは、今のあなたが好きだと思って着ている服が、どんな自分だと認識されるような服であるかを客観視しましょう。

自分が選ぶ服の色に着目する

色は心理的に多大な影響を与えるもので、人は知らず知らず色の影響を受けて過ごしています。あなたが選ぶ色は、実は好きで選んでいるというよりも、深層心理の葛藤が投影されて選んでいる可能性のほうが高いのです。人との深い関わりを避けようとしている人は無意識で黒を選びやすかったり、情熱的に生きたいと思う人は赤を選びやすかったりします。今の自分が選ぶ色を意識することで、自分の深層心理を理解することにつながります。

自分が映える服を残す

ゆっこさんが当時、体のラインを隠すようにダボダボの服を着ていたら、それに合わせてどんどんまた太っていったように、自分が選ぶ服で体形が変わっていくことは、心理的にも理にかなっています。やせたいのであれば、やせている自分が着る服を選ぶべきで、人に信頼されたいなら、人に信頼されている自分が着ている服を選ぶことが大切です。自分を隠す服ではなく、自分が映える服を選ぶ発想が、才能を開花させるうえでも重要なキーポイントになります。

着る服で悩まないように、着る服のコンセプトを明確にする

「何を着ていけばいいかな？」と、毎日あれこれ悩む時間が少ないということは、自分の価値観が明確になっているということです。もともと、本質的な才能として、未来を想定して現在の行動を決める能力が高い隠れリーダー系。服選びも無意識でできるように「ありたい姿の自分が着る服のコンセプト」を、クローゼットを通して明確にしましょう。常に着る服が明確であることが、自分らしくいることができているかどうかのバロメーターであるととらえてみてください。

クローゼットは8割収納を目指す

お店のディスプレイや収納などをイメージしながら、クローゼットはゆとりある空間と

して、8割収納をキープできる状態にしましょう。「まだ着られそうだな……」と思う服でも、着られるから着るという発想ではなく、「ありたい姿の自分が着ている服か?」を、自分に問いかけてみてください。古い服を着ることは、古い過去の自分に戻ることにもつながります。本当に望む未来に進みたいなら、過去の服に執着しないほうが自分のステージアップにもつながります。

隠れリーダー系がさらに意識したい場所

靴箱とクローゼットを一貫させる

自分が着る服を取捨選択するためには、靴箱も見直すことが大切です。服と靴は、ワンセット。その意識を持って、クローゼットで整理した服を軸にして、必要な靴だけを残すようにしましょう。クローゼットと靴箱がワンセットという意識が定着すると、いいと思う靴があったとしても、持っている服に合うかどうかを瞬時に考えられるので、靴だけの衝動買いも防げます。

玄関にアンカリングをする

アンカリングとは心理用語で、意図的に五感に働きかけることで、特定の感情や反応が自然に引き出されるきっかけをつくることです。ハリウッドスターや、アスリート、ミリオネアなども活用している手法で、最高のパフォーマンスができる自分を常に思い出すための条件づけです。玄関は常に靴を置かない状態にする（靴箱にしまう）などや、必ず靴をそろえた状態にしておくなど、自分でルールを決めて実行し、それをすることで自分をうまくコントロールしている感覚を強化できるでしょう。

+α 部屋の動線を意識した配置を考える

その場所その場所単体で考えると、そこはスッキリしたとしても、行動が散らかるという現象が起こります。むだな行動が増えることは、隠れリーダー系にとっていちばんのストレスになるので、部屋づくりにおいて「行動の片づけ」を意識することにチャレンジしてみてください。「ここにこれを置くと、むだに往復しなくていいかも」「これはここに配置しておくと、家族みんなにわかりやすくて、いちいち聞かれる手間も省けるかも」と、自宅の空間と家族の日々の行動パターンを考察しながら、むだな行動を片づけましょう。

+α 自分が楽になる部屋づくりを考察する

主婦や子どものいる家庭は特に、家事をしながら片づけをしたりなど、自分一人でかかえていることが多いもの。隠れリーダー系のあなたは縁の下の力持ち的な役割が得意だからこそ、全部自分で完結する方法ではなく、みんなで協力して完結する方法を考えて、「自分が楽になる」という観点を持つようにしましょう。自分を楽にする発想は、周りの才能を伸ばすことにもつながります。

+α やっている家事をこまかく書き出して家族に共有する

家事はそもそも一人でやるには大変なもので、家事代行サービスに毎日の家事を委託すると年間で700万円以上かかると言われているほど。家事の内訳はたくさんあります。自分がやっている一日の家事をできるだけこまかく紙に書き出してみて、それを家族に共有しましょう。男性に対しては、「家事を手伝って！」と言うよりも、「これだけの家事があるから、この部分だけは助けてほしい」と、具体的にお願いしたほうが協力態勢が築きやすくなります。

隠れリーダー系のまとめ

戦略的に周りの人を巻き込み
合理性を追求して
もっと自分が楽になる
部屋づくりを楽しんで

隠れリーダー系のあなたは、論理的な思考に優位性があることからも、できるだけものごとを具体的に把握して、ものごとの全体像をつかむ発想でいることが、他者とうまくつき合いながら自分の才能を伸ばしていくポイント。そして、最も他人の才能を伸ばせるのが、隠れリーダー系。自分が楽になることが他者の才能を伸ばすことになるくらいの意識を持って、いい意味で楽をして楽しく周りと協力しながら日々を過ごしましょう。

Chapter 3

それでも
片づけられない
あなたに
やる気が出る
伊藤流アドバイス

ここまで読んできて、それでも何をしていいかわからない。そんな人は、簡単にできることを、まずひとつやってみましょう。何かできるとそれが自信につながります。片づけられない人にありがちな習慣もあわせてチェックしてください。

Advice 1

習慣を見直す

片づかない状態が生まれるほとんどの場合には、普段の習慣が影響しています。
片づけは技術力よりも、散らかる状況を招いた習慣を見直すほうが
根本的な改善につながるのです。

片づけられないあるある❶

「できていない」が口癖

片づけに苦手意識がある人ほど「できていない」が口癖に。これを逆転させて、「ここはできている」と、少しできていることを認めて言葉に出すことを習慣にするだけで、やる気が自然に形成されていきます。

片づけられないあるある❷

猫背

片づけられないと悩む人ほど、猫背で気弱そうな印象がする人が多いものです。姿勢は意識すればすぐに改善できて、自分を低く見られることで起きるむだな行動を未然に防ぐことができます。

片づけられないあるある③

夜型

夜型の人ほど、睡眠不足や慢性的な疲れをかかえています。職種などにもよりますが、夜型から朝型に切り替えるだけでも、後回し癖の改善になり、今すぐ行動する癖がつきます。

片づけられないあるある④

過去型

過去の失敗にとらわれたり、過去の栄光に執着する人ほど、手放せないものに囲まれています。片づけとは、未来に進むための行為。思考を未来型に変えることが、過去を清算して未来に進む意欲を生み出します。

片づけられないあるある❺

注意散漫

あれこれ興味がわき、注意散漫になりやすいのも特徴。一日の中で、少しでも深呼吸をするなど落ち着く時間を過ごすと、そのときどきの感情に翻弄されない客観的な判断力が養われます。

片づけられないあるある❻

完璧主義

やるからには完璧にしなければ！と、肩に力が入っている人ほど、いつまでも完璧にできない状態が続きます。片づけるときに完璧を目指すのではなく「完了する経験値を増やす」ことを目的にすると、継続力につながる自己肯定感が育ちます。

Advice 2

小さなことにトライ

行動するうえでいちばん大変なのは「最初の一歩」です。一歩踏み出しさえすれば、行動に勢いがつきます。最初の一歩目は極力ハードルを下げて、小さなことにトライしましょう。

これにトライ❶

テーブルの上に何も置かない

リビングやデスクなど、どこか1カ所でいいので、テーブルの上に何も置かない状態をキープして。こうして具体的な状態づくりをする小さな一歩が起点となり、その他の行動を具体化する発想が養われます。

これにトライ❷

1週間、1カ所だけ何もない状態をキープ

どこでも1カ所でいいので、何も置かない状態をキープしましょう。そして、その場所を意識的に見るようにしましょう。「余白がある・自分でつくっている」というイメージが、心のゆとりを生み出します。

これにトライ③

小物をきれいにする

普段使いの財布やバッグなどを片づけて。いらないレシートやポイントカードを出して、小さなスペースを整理することは、部屋という大きなスペースの片づけに対するモチベーションにもつながります。

これにトライ④

玄関の靴をそろえる

靴をそろえるだけならば、帰宅して脱ぐときに1秒でできます。でも、この1秒を侮るなかれ！　一生を左右するほどに大きなきっかけとなる可能性を秘めています。

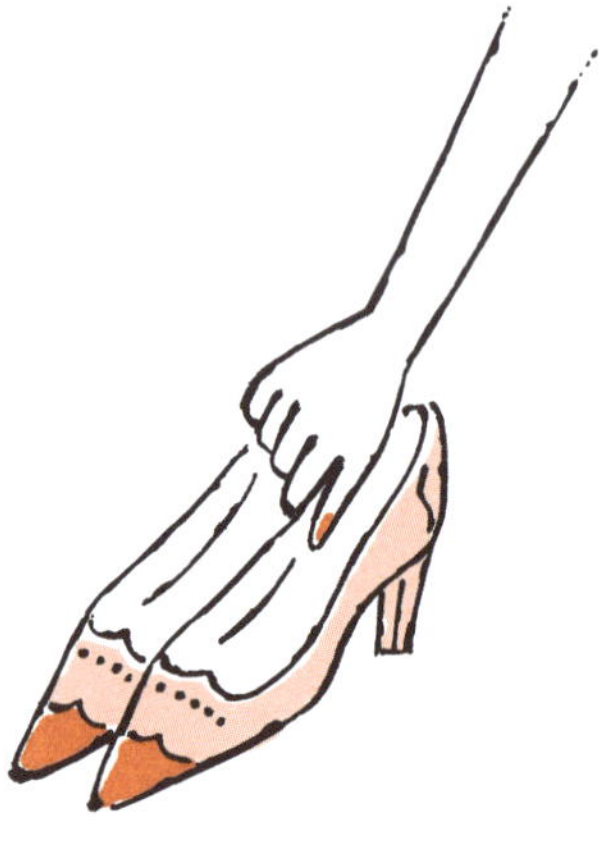

これにトライ⑤

今、ちょっとだけやる

人はやる気があるから行動するのではなく、行動するからやる気が出てくる生き物。「今、ちょっとだけやる」を大切にすると、そのちょっとから行動が加速します。試しに、今、ちょっとやってみましょう！

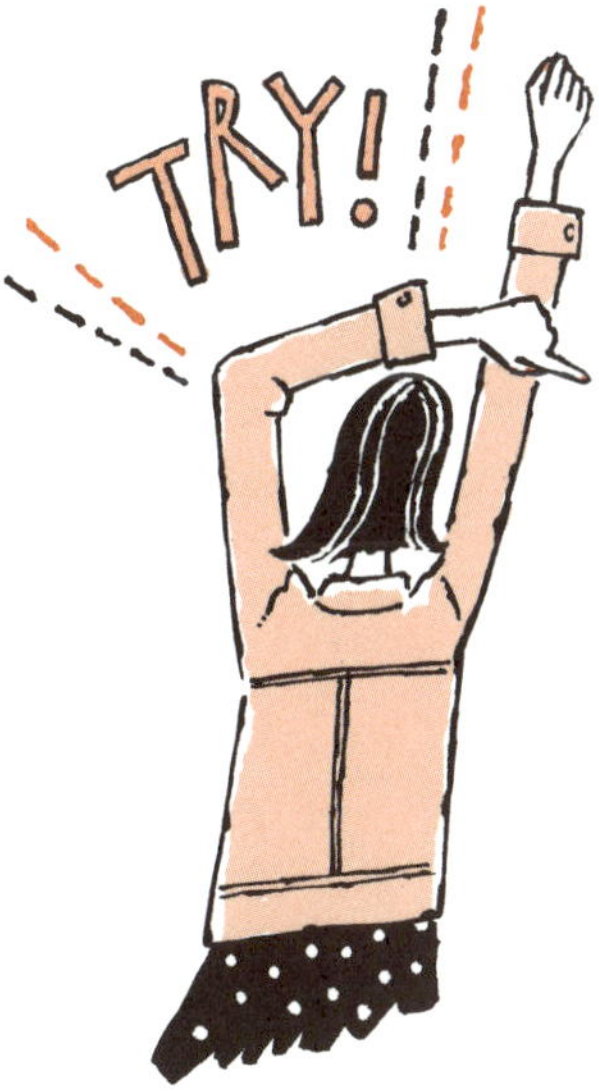

これにトライ⑥

ピカピカ体験をする

人は何かを達成したことを実感すると、次の行動に進みます。達成の連続が、次の達成の原動力になるのです。そのためにも、鏡や蛇口、床、何でもいいので簡単にできる場所を磨くと、必ず美しくなり、それがすがすがしい達成感につながります。

Advice 3

不可抗力をチャンスととらえる

片づける時間がない、家族や同居人が協力してくれない、
急な用事が入ってできない……などの不可抗力は人生につきもの。だからこそ、
不可抗力を逆にいかす発想で自分の行動を整えましょう！

考え方❶

片づける時間がないと悩む人は「時間内の法則」をいかす

「時間がない」ということが口癖になっているような人ほど、「時間内にやる」という発想を大切にしましょう。時間を増やすことを考えるのではなく、5分と決めて行動するなど、わずかな時間内で行動するのです。そうやって小さな時間を味方につけると、大きな時間もつくれるようになります。これからは、時間がないと嘆くような口癖から離れて、「時間内でやる！」と、言葉にすることも大切にして。

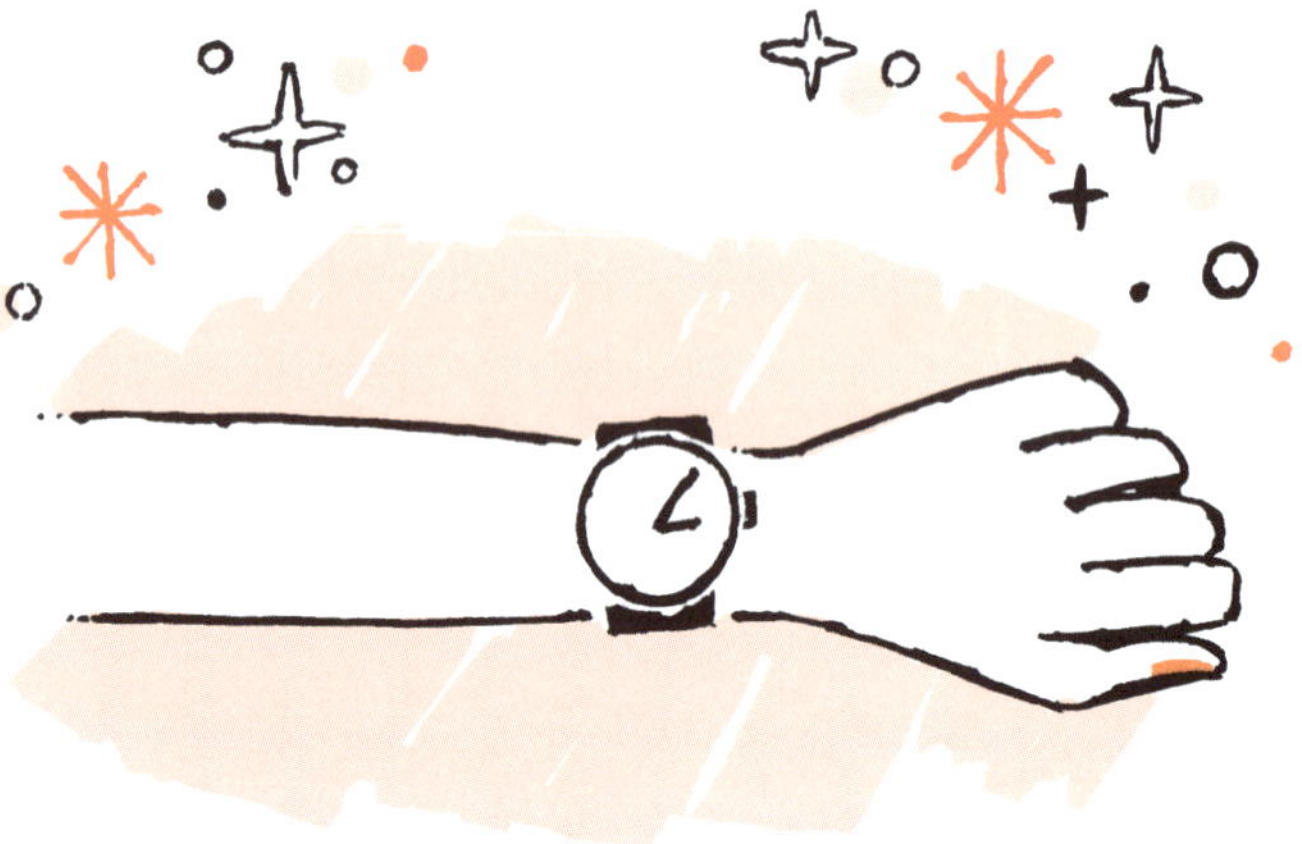

考え方❷

家族や同居人が協力してくれないなら、先に協力する

家族であっても、他人です。それぞれに生きる目的があり、関心のあることが違うのが当たり前。だから、まず個人として認識しましょう。そして、協力してほしいことがあれば、逆に自分が協力できることを先に考えてみましょう。自分が協力的なスタンスでいることが、他者との協力関係を生み出すポイント。本書をあらためて家族的な目線で読むと、他者の才能を見極めるヒントが生まれて、協力関係を結ぶきっかけも築けるはずです。

考え方❸

急な予定でできなくなる人ほど、想定外を想定内に！

やろうと思っていたけど、急な予定が入ってしまう……家族や仕事、体調面なども含めて、生きていれば思いどおりにならないできごとが起きるのが当たり前です。だからこそ、「想定外のことが当然のように起きる」ということを、普段の生活でもあらかじめ想定内にしておく意識が大切です。想定外を想定内にできていたら、日常に余白をつくる意識が生まれます。スケジュールも、パンパンに詰める発想から、ちょっとゆとりある組み方にもなり、それが結果的に想定外なできごとが起きても、行動できる安定感を生み出していきます。

片づけを通して見つけた自分の育て方

あなたの個性を大切にすると、人生は整います

これまで空間心理カウンセラーとして、1万人以上の片づけ問題を心理的な角度から考察してきて実感したことが、「自分の個性を育てる」ということの重要性です。

散らかる現象が生まれる背景には、自分の個性をあまり尊重せずに、親や周囲の期待に応えるためなど、他人に合わせて生きようとすることが、しだいに心の葛藤を生むことになり、自分が何者であるかを見失ってしまうということがあります。その結果として、心の葛藤が部屋の乱れに表現されているケースを数多く見てきました。

今回なぜ、片づけを才能という角度からお伝えしたいと思ったのか。それは他でもない、ぼく自身、片づけを通して才能が開花していったからです。

これまで空間心理カウンセラーとして、個人セッ

ションや講演・セミナー活動をして、２０１９年8月で11年目を迎えました。書籍も15冊以上を手がけていて累計27万部を突破。その実績や数字や、今の状態のぼくだけを見る人からは、昔から卓越した才能があったから今があると思われることも少なくありません。

でも、実際は「片づけなんてする必要はない。やらなくても死ぬわけではないし、もっと実利的なことに時間を使ったほうがいい」と思っていたくらいに、片づけにまったく関心がなかったし、部屋も相当荒れていました。

それまでを振り返ると、自信がなくて、何かを求めながら、誰かになろうとしていた日々。将来お金持ちになってビッグになってやろうという野望を持ちながらも、気がつけば逆に借金をつくるようになり、悪友とつき合うことが多くなってギャンブルにもどっぷり。

そうやって、酒、タバコ、ギャンブルにハマりながらも、どこかでなんとかしたいと思って生きあぐねているような自分。人見知りで、人づき合いも苦手で、「サイボーグ」と呼ばれていたくらいに、感情表現をしない冷徹な人間。今でこそ、仏のような笑顔ですねと言われることも増えたのですが、当時は「人斬り侍のような殺気を放っている」と言われるくらいの近寄りがたい存在だったのです。

何をどう考えても、そんな自分の未来に、今の自分があるなんて想像もつかないような状態でした。

でも、そんなぼくに一つの転機が生まれます。それが、ふとしたきっかけで通うようになった心理学スクール。今の活動をする礎《いしずえ》となった「日本メンタルヘルス協会」の門をたたいたことが、ぼくの人生の流れを大きく変えるきっかけになりました。

その心理学の勉強が面白かったので、自分に落とし込めるまで徹底的に勉強したいと思って、時間の都合をつけやすいアルバイトをしながら、そのスクールでの学びをメインに考えて過ごすように。そのときに行っていたアルバイトが引越屋でした。

実はその引越屋の経験と心理学の学びが融合して、「空間心理カウンセラー」が誕生することになるのです。ぼくは引越屋をしながら初めて、空間に関心を持つようになりました。

心理学を勉強していたからこそ、現場を通して部屋に住む人の心理が表れているように思えてきました。そうやって引越現場を心理的な角度からも考察するようになってしばらくたったときに、自分の部屋をあらためて見ると、それはもう荒れ放題。そのことに初めて違和感を感じたのです。

「心理学を学んで心は豊かになっているけど、物理的な環境にどう考えても豊かさを感じない。これって、おかしいのかも……」

そう気づいて一念発起。部屋の片づけに取り組みました。**片づけを通して、同時に自分の心も見つめながら一つ一つ取捨選択していくと、これまで何かを追い求めてきた自分が手にしていたものが色あせるような感覚になり、そのすべてを手放したくなって、部屋にあって、あふれていたほとんどのものを捨てました。**

すると床に埃がたまっているのに気づき、雑巾で水拭きしたときになんとも言えない爽快感を得たのです。そこからは、毎日床を雑巾がけするようになりました。そうやって床を磨く掃除にハマって、そのことを周りにも話すようになったら、そこからなんと講師依頼が来たのです。そのなにげない一歩から、11年以上続いて、現在のぼくがあります。

当時のぼくはスクールでも、最も劣等生でした。そのうえ、無口で人見知りだったので、積極的に誰かと関わろうともせずに、黙々と勉強をしていただけ。

一緒に学んだ心理学仲間も、まさかぼくがセミナー講師をしたり、書籍を出すような活躍をするなんて、誰も想像していなかったと思います。ぼく自身も当初は想像していませんでした。

そんなぼくに今があるのは、間違いなく片づけがきっかけです。**片づけを通して自分の心に向き合ったからこそ、自分の個性が生きる道が目の前に現れました。**そして今では、**ぼくの才能が開花していったように、ぼくと関わる人の才能がどんどん開花していっています。それをぜひ、あなたにも実感してほしいのです。**今回紹介した実例の皆さんも、どんどん才能が開花しているように、あなたの人生も、今よりもっと確実によくなっていきます。

片づけるための片づけではなく、あなたの才能を開花させるための片づけ。あなたが輝くために片づけをいかすうえで、この質問をいつまでも大切にしてみてください。


「わたしが喜ぶために、今日何ができるだろう？」

おわりに

最後まで読み終えて、いかがだったでしょうか？

今回は才能を5つのタイプに分けて解説してきましたが、このタイプ分けも、自分をどれかのタイプに当てはめるために使うのではなく、5つのタイプを参考にしながら、あなたの才能に気づくきっかけとして、活用してもらいたいと思っております。

本文にも書きましたが、才能とは「繰り返す習慣」です。今まで繰り返してきたことはいかすことができます。これから繰り返すことは、新たな才能に昇華されることでしょう。

人生は一度きりしかありませんが、自分自身は何度でもあなたの心が望むように変えていいのです。いろんな自分を楽しみながら「あなたが主人公の人生」を思いっきり満喫するためのきっかけに、本書を活用してもらえたら何よりです。

ぼくは経営者からも、従業員の片づけ相談を受けることがあります。そこでも片づけを指導するのではなく「そもそも才能がいかされる部署に配属できているのか？」という部分から見ていきます。

例えば、アーティスト系の人が計算ばかりする事務職に配属されても、才能がいかされないことで散らかる現象が起きるからです。

人は適材適所で配属されるからこそ、どこまでも輝きます。そうやって人の心が輝くからこそ、その環境にはすがすがしい空気感が生まれます。そうして、生まれたすがすがしい気持ちを維持したくなって、環境も自発的に整えたくなっていくのです。

片づけはメソッド以上に、メンタルが大切です。本書に登場した皆さんも、メンタリティーを整えたからこそ、片づけるという単純な結果だけにとどまらない、自分が輝く生き方にシフトできました。

さあ、次はいよいよあなたの番です。本書を通してあなたの無限の才能が、どこまでも開花することを心より願っております。

空間心理カウンセラー　伊藤勇司

イラストレーション
大内郁美

ブックデザイン
アルビレオ

撮影
佐山裕子
（主婦の友社）

DTP
川名美絵子
（主婦の友社）

編集担当
宮川知子
（主婦の友社）

伊藤勇司
Yuji Ito

空間心理カウンセラー。
日本メンタルヘルス協会公認心理カウンセラー。
魔法の質問認定講師。
引っ越し業界で働いていたときに、部屋と心の相関性に着目。
現場で見た家とそこに住む家族や人との関わりを研究し、
独自の「空間心理」理論を確立する。
片づけの悩みを心理的な側面から解決する
空間心理カウンセラーとして、2008年に独立。
セミナー、講演、セッションなどのサポートを行った人数は
10,000名以上に上り、高い評価を得ている。

部屋は夢をかなえる
居場所でした

あなたの
部屋が汚いのは、
才能がありすぎるから

2019年 9 月30日　第1刷発行
2019年11月10日　第2刷発行

著　者　伊《い》藤《とう》勇《ゆう》司《じ》

発行者　矢﨑謙三

発行所　株式会社主婦の友社
〒112-8675 東京都文京区関口1-44-10
電話 03-5280-7537（編集）
03-5280-7551（販売）

印刷所　大日本印刷株式会社

©Yuji Ito 2019　Printed in Japan　ISBN978-4-07-438624-6

・本書の内容に関するお問い合わせ、また、印刷・製本など製造上の不良がございましたら、
主婦の友社（電話03-5280-7537）にご連絡ください。
・主婦の友社が発行する書籍・ムックのご注文は、お近くの書店か
主婦の友社コールセンター（電話0120-916-892）まで。
＊お問い合わせ受付時間　月～金（祝日を除く）9:30 ～ 17:30
主婦の友社ホームページ　https://shufunotomo.co.jp/